Dear
祝福你！
Logan
2022. May

我在地球的奇異旅程

我帶著限制來，
試著把限制，活成故事。

目錄

第一部 成長

1 最初的記憶 08
2 單獨在家的早上 11
3 二舅教我學走路 17
4 幼稚園大班那一年 21
5 我的小學特殊班 26
6 振興醫院（上） 33
7 振興醫院（下） 44
8 國中那三年 50
9 我的父親 66
10 南一中三年 84

第二部　奠基

11 成大電機四年 100
12 重考與東海企研所 109
13 我的母親 119
14 花旗遇高人 143
15 滾石磨一劍 152
16 出書成為作者 173

第三部　開闊

17　創業成為講師（上）　192
18　創業成為講師（下）　203
19　跨界探索　219
20　旅行（上）　232
21　旅行（下）　245
22　地球旅行者的體悟　261
23　家人　272

後記　278

第1部

成長

1 最初的記憶

表面上看，是行動受限的孩子，得不到援助，看去像是一個「無望」的時刻。我是重新回看，才看出，那是一個「交棒」的時刻……

我是民國五十五年十一月六日早上，在台南市出生。聽母親說，我八個月大染上小兒麻痺，雙腳萎縮，只能在地上爬。

我能想起最早的記憶，是祖父離世。

那天，在台南市後甲老家，不知道為什麼，客廳沒有其他人，只有我跟祖父。祖父躺在幾張凳子架起來的木門板上，動也不動。

他穿著寬鬆衣褲，像是沉沉睡去。我爬到他腳邊，坐下來，用手拉他的褲管，滿懷企求地說：「阿公，來去買麭（麵包）。」

不管我怎麼扯他褲管，怎麼要求，他都沒有醒過來。

我不記得當時多大，也許三歲，只會在地上爬。我想不起他的樣子，但模糊印象裡，他疼我，會抱我去附近柑仔店（雜貨店），買麵包。

我純粹想叫醒他，抱我去柑仔店。

書寫此刻，我才意識到，如果他當時已然逝去，之前應該早已病得不輕，根本沒力氣抱我去買東西。然而直至他離世，我仍舊執拗。

小時候有很長一段時間，我都是如此——執著於自己想要，不管周遭。

我的堂弟妹都小我許多，所以，我應該是他離世前，最小的孫子。

家裡有個小孫子不會走路，他是什麼心情？會憂心小孩未來嗎？會因此湧出憐惜，空閒就抱起小孫子去柑仔店，買東西給他吃嗎？

我不知道，為什麼祖父離世，成為我最早的記憶。

把畫面定格在那個遙遠的客廳：逝去的祖父，不會走路、不知道祖父逝去，還央求祖父起身抱他移動的孩子……

表面上看，是行動受限的孩子，得不到援助，看去像是一個「無望」的時刻。

我是重新回看，才看出，那是一個「交棒」的時刻。

小孩被祖父疼愛過，祖父會抱小孩去柑仔店，但他得先離場。

不用擔心，會有人接棒。
接下來，小孩不管去哪，都會有人相伴，幫助他抵達他想去的地方。

2 單獨在家的早上

七歲學走路前，我還在坐娃娃車。我後來才明白，那感覺像什麼。
那感覺像是平面版的雲霄飛車……

黑暗的屋子

祖父離世後，我能想起的下一個場景，是我們家租的房子。

母親覺得，一直待在大家族吃大鍋飯，不會成長，堅持搬出來。想必當時在家族裡，一定掀起風暴。

那間租屋有幾間房，裡面有什麼陳設，我想不起來。只記得屋子很暗，只有大門那一面向光。

有一回夜裡，爸媽趁我們睡著外出，把大門反鎖。我們三個孩子夜裡醒來，見不到爸媽，大門又打不開，就倚在門前大哭，把鄰居都吵醒，直到爸媽回來。

搬出來不久，哥哥姊姊就去上小學。父親是水泥匠，每天要上工，母親也要出門工作。

母親清晨推著攤車出門，沿路賣醬菜。當年許多人家早餐吃粥，要配醬菜，一早會出來買醬瓜、豆枝、肉鬆、花生、豆腐乳……

母親一直賣到中午，下午爸爸忙不過來，她就去幫忙當小工；晚上有人家辦喜宴，她就去幫總鋪師端菜。

所以早上時光，家人都出門，我單獨在家。

轉角的柑仔店

我不肯學走路，只能在地上爬。父親一早會先抱著我在蹲式馬桶，讓我上大號（我小時候不愛吃蔬菜，常便秘，母親不時要幫我灌腸）。

父親弄完早餐給我們吃，就跟哥哥姊姊出門。出門前，他會給我五角當零用錢。我們家巷口轉角就有柑仔店，五角可以買零食，或一根冰棒。

整個早上，我就坐在家門口的小凳子，不敢進屋。屋內很暗，我怕黑。內急，我就在家門前小水溝小解。嘴饞，就趁著周圍沒人，慢慢爬到柑仔店，坐定後拿出五角銅板，跟老闆娘說，我要買枝仔冰。

她收錢後，把冰棒遞給我。我小心翼翼拿好，右手背朝下，用拇指跟食指夾住冰棒爬回家，坐在家門前，一口一口慢慢吃。

玩伴阿保

鄰居有一個小男生，偶爾會來找我玩。他叫阿保，雙頰胖嘟嘟，常找我玩尪仔標、彈珠、橡皮圈。

我們玩遊戲都要分高下、比輸贏，我多半是輸家，因為所有遊戲，他都可以站著玩（尪仔標，站著打威力更大），我只能坐著。我經常把所有「家當」輸給他。

他是我當時唯一的玩伴，也是家人之外，我理解外面世界的窗口。

不玩遊戲時，他就講一些事給我聽。

他說他有一個叔叔，送給他一個機器人玩具，很厲害、很好玩，可以在天上飛……像是後來小朋友著迷的卡通《無敵鐵金剛》。

我聽得目瞪口呆，滿腦子都是機器人在天空飛的畫面，覺得很神奇。

我不僅相信，還無比羡慕，每次都央求他下次帶機器人來給我看，但下回來，他還是空手。

空手就算了，還繼續講機器人多好玩，真讓人生氣。

我想，可能是玩具太珍貴，爸媽不准他帶出門。他住得比柑仔店遠，我不可能爬到他家，看他是不是真的有機器人玩具。

長大後，我當然知道，能飛的機器人什麼的，純粹是他膨風。

他身邊的小孩，大概只有什麼都不懂的我，才會相信。也許，他需要有一個能仰望他的孩子，相信他。

相信跟我一樣只有尪仔標、彈珠、橡皮圈可以玩的他，真的會有人買那麼厲害的玩具給他。

娃娃車上的七歲乘客

我並不覺得早上時光有多漫長。

中午，哥哥姊姊就回來，媽媽也賣完醬菜回家。吃過中飯，哥哥姊姊會搬出小桌椅，在家門口做功課。

有時候父親中午回來，也會一起在門口，拿著他的帳簿記帳。他小學沒畢業，寫字困難，只能記簡單人名跟數字。

我就坐他們旁邊，拿紙筆亂畫，好像我也在上學，也有功課。感覺上學是一件有趣的扮家家酒。

天氣好的下午，哥哥姊姊會抱我坐上娃娃車，推娃娃車帶我出去玩。

是的，七歲學走路前，我還在坐娃娃車。我後來才明白，那感覺像什麼。

那感覺像是平面版的雲霄飛車。

好像圍著我家的幾條巷弄，鋪著一條條隱形軌道，我坐上娃娃車，就能在其間快閃穿梭。

飛車動力，是我的哥哥姊姊——他們奔跑起來，宛如腳底裝了風火輪，開啟渦輪加速。

小時候的我們，無比單純。如果你看見那個畫面，一定會覺得，純粹是兩位哥哥姊姊，陪不方便的弟弟出門玩耍。

之前，我也這麼覺得。

我是書寫此刻，才意識到，哥哥姊姊風馳電掣腳步跑出的，是一座家家酒版的兒童樂園。

他們腳步揚起塵沙，迴盪著一句，我當時沒有聽見的旁白：

「放心吧，弟弟，我們到哪裡，你也能到哪裡。」

3 二舅教我學走路

外面世界很大，他得自己走出去，到外面看一看。

七歲前，我都在地上爬。

在地上爬不雅，我知道應該要學走路，卻一直不肯。我個性倔強，不如意就哭鬧，爸媽拿我沒辦法。

媽媽是長女，娘家在高雄，上面一位哥哥，下面五個弟妹。二舅當時是大學生，五十年前，是爸媽兩邊家族中唯一上大學的人。

其他舅舅阿姨遇事不決，都會找他商量。我們家族裡的小孩，每一個都受他與二舅媽許多照顧。

二舅內心跟外表，都無比剛正，看上去有一種自然的威嚴。當時他在淡江讀大學，偶爾會來台南探望姊姊。他知道姊姊最小的孩子小兒麻痺，一直不肯學走路。有一回，他早上來台南，爸媽跟哥哥姊姊都不在。我們聊了一會，他就問我，要不要學走路？

我說我不要。他連問了幾次，我都說不要，而且準備哭鬧。

他完全不理會，把我抱進屋內，轉身帶上門。我怕黑，開始狂哭。我的哭聲與姿態，絕對是天崩地裂，絕對能驚動鄰居。

他完全不理會，每隔一陣，就隔著門問我，要不要學走路？我說不要，他就關著門，讓我繼續哭。

我哭了非常久，哭到喉嚨都啞了，淚水也乾了。

最後是真的怕了，也累了，只好投降，顫抖著說好。

他打開門，我又大哭，他把我抱上肩頭，一直拍我的背安撫我：「沒事，不哭了，開始學走路就好。」

等我停止哭泣，他拿起一張椅凳，讓我扶著它走（像年長者拿四柱助行器），他在旁邊一步步扶著我，教我走路……

我不知道爸媽那天回家，發現我能拿椅凳走路，是什麼心情？是不是感到驚喜？

是不是覺得，果然是大學生有辦法，有讀書真的不一樣？

爸媽很快問到台南做拐杖、支架鐵鞋的師傅，為我量製打造。於是，我開始穿上及腰的雙腳支架，拄著拐杖，離開家門，一步步往外走。

二舅疼愛外甥，但他知道，他不能心軟。心軟，小男孩就會繼續在地上爬，只能困在家裡。

外面世界很大，他得自己走出去，到外面看一看。

我生命中許多穿越，都跟二舅有關。

以前，我最遠只能爬到轉角的柑仔店；學會走路，我就能離開家幾條街。

小學二年級，他送我一把口琴，猶如飛毯，讓我馳騁在音樂世界。

國二，父親過世，母親不能每天接送我，他幫忙買了改裝摩托車，讓我可以自己騎車上下學。從此，台南市每個地方，我都到得了。

甚至，他把一個人能去到多遠的地方，也展現給我看。從小他就讓我看見，能成為一位像他那樣的大人，有多美好，多值得努力。

他親身示範，當一個人把自己活得像路標，就能讓一個迷茫的孩子，對未來升起盼望。

你可能無法想像，寫這一段的當下，我有多激動，又如何克制不住，淚流滿面。

我很感謝我二舅，洪連震先生。每次他跟二舅媽上台北，我都請他們吃飯；每年過年，都回去向他和二舅媽拜年。

他一路看著我長大，但對我來說，我才是一路看著他，不斷修正自己，慢慢成為稍稍接近，像他一樣的大人。

4 幼稚園大班那一年

如果你每次都把限制當起跑點，有一天，就會走到一個你無法想像的遠方。

大班第一天

我拿拐杖走路後，爸媽就買了房子。他們非常努力，在民國六〇年代初，在台南市東區復興路（後來改成大同路一段）巷子，買了一間三十坪左右的日式平房。

母親只有小學畢業，父親連小學都沒讀完，但他們知道，讓孩子讀書很重要。母親在離家不遠的開山路，找了一家「澤溪幼稚園」送我去上學。

我已經七歲，只能讀大班，那是一個很大的班級，有幾十個小朋友，我的座位在最後一排，方便進出。

上學第一天就考試，考阿拉伯數字，從1寫到100。

我是插班生，什麼都不會，只在家裡跟哥哥姊姊胡亂學過，阿拉伯數字只會寫到4，拿到四分，結果被老師拿藤條，在手心上打了幾下。

上學第一天經歷不好，但我喜歡上學。我終於不用獨自待在家，等家人回來。又終於，有阿保以外的小朋友當玩伴。

一開始我跟同學玩不到一起，下課，我都靠在牆角看他們玩。

誰跟誰親近，誰跟誰鬧翻說著「我不要跟你好了啦！」，我一清二楚。

在幼稚園，我學會數數，簡單加減法，學會看注音符號讀課本，學會說國語。

幼稚園提供點心，做點心的是一位稍微駝背的阿婆。有點心吃，我不用再去柑仔店買枝仔冰。

獨自去上學

每天上學，都是媽媽騎腳踏車送我去。放學，她來接我回家，如果不能來，我就跟幾位同學一起走，讓點心阿婆帶我們回家。

有一天，媽媽生病，沒力氣送我去幼稚園，讓我請假在家。

小時候，我無比聽媽媽的話。媽媽說，別人的東西不能拿，我真的不會拿。記得一次遠足，我們去可口樂園，老師的弟弟也去，他想照顧我，買了冰棒請我吃，我抵死不從，他無比尷尬。

但那一天，我很想去幼稚園。說不定老師會教什麼好玩有趣的東西，我不想錯過。我沒聽她的話，趁她睡著，自己穿了歪歪斜斜的圍兜兜，獨自去幼稚園。

從家裡到幼稚園，最危險路段是過一條馬路。我拿拐杖，走路慢，小心看著馬路兩端，像大人教的，小心翼翼過馬路。然後一步一步，走到幼稚園門口。

小朋友已經開始上課，守衛發現我，請老師過來。

老師見我圍兜兜穿得歪斜，扣子沒扣好，就問媽媽呢？我說媽媽生病，我自己走過來。老師幫我扣好圍兜兜，領我進去。

還不到放學，媽媽就跑來，一臉焦急。她見我在學校，既生氣（過馬路不小心，怎麼辦），又高興（孩子愛上學，應該是讀書的料）。她叮囑我下次不可以，然後帶我回家，做點心給我吃。

女同學家門外

我慢慢跟幾個小朋友熟起來，有一位小女生很會畫畫，總是笑得很開心。一次放學，阿婆帶我們回家，我回家放下書包，脫下圍兜兜，就去她家找她。

我站在她家門口，往裡看。她家人幾次要我進去，我固執不肯，只是站在外面。究竟是為什麼呢？既不像不好意思，也不是怕鞋子弄髒她家地板。好像是這樣就可以了。

她沒有出來，就是在客廳剪紙做面具，還是笑得開心，不時望向門外回應我的觀望。好像是這樣就可以了。

我在門口站了一陣，才回家。如今想起來，那個畫面好像一種基調。後來我跟心儀的女生，總隔著一道門。

海盜船上的小男孩

幼稚園教室外面，有遊樂場：溜滑梯、盪鞦韆、蹺蹺板、海盜船……但要進到遊樂場，有一個很高的台階，我下不去。

有一回下課，我照例站在牆邊，看同學玩。幾個小男生，覺得我很可憐，就合力扶著我走下台階，把我抱上海盜船，然後用力擺盪。

我生平第一次玩，非常開心。但上課鐘一響，所有同學跑光光，只剩下我，獨自留在海盜船上。

我下不去，只能孤坐在上面。我沒有心慌、焦急、不安，純粹傻傻不知怎麼辦。直到老師發現，教室空著一個位置，才出來找我，把我抱下來，帶我進教室。

那是我幼稚園大班，最難忘的一件事。

等我成為講師，開始在企業教課，我常常會在課程最後，分享這個故事。我去過芬蘭聖誕老人村，跟聖誕老人拍過照片，我會放上照片，然後說：

「如果能穿越時空，我很想回到那一刻，告訴那個在海盜船上下不來的孩子：小朋友，想辦法自己走下來吧。如果你每次都把限制當起跑點，有一天，就會走到一個你無法想像的遠方。」

5 我的小學特殊班

你可以讓一個人哪兒都去不了，但只要她心裡有一隻蝴蝶，她就有一種關不住的自由。

第一次雲霄飛車

幼稚園畢業後，爸媽就四處打聽，幫我找小學。

民國五〇年代末到六〇年代初，小兒麻痺在台灣大流行，很多小孩染疫，肢體萎縮，行動不便。當年的進學國小，有一班特殊班，專門招收像我們這樣的孩子。學校提供交通車，巡迴市區，接送我們上下學。對父母來說，這樣太方便，他們能專心工作，不用擔心孩子接送。

交通車司機是郭叔叔，一位開朗壯碩的中年人，每天把我們抱上車、抱下車，很照顧我們。

一開始教我們的，是年輕女老師，也姓郭，她滿懷愛心，對我們非常好。當時班上只有五個學生，都是小兒麻痺。

小學生都會遠足，她也帶我們遠足。她不管我們身體不便，出去玩可能有風險，還是帶我們去玩。

當年台南有一個元寶樂園，像台北兒童樂園，園裡有很多遊樂設施，最酷的是雲霄飛車。我生平第一次坐雲霄飛車，就是那次。那種心臟快衝破胸腔的疾速刺激，我還記得。

郭老師不認為我們不一樣，別的孩子能經歷的，她也要讓我們經歷。

像我們這樣的孩子，對於前方的路多半畏怯。我們不確定自己的能耐，面對挑戰總怕辦不到，需要有人鼓勵我們嘗試，明白自己沒有想像中不方便。如是，才可能拓寬生命邊界。

但升上二年級之後，郭老師就被調去教正常班級。也許學校認為這麼好的老師，只教幾個特殊班的孩子，太可惜。

作文裡的級任老師

我們換了一位上了年紀、高瘦清癯、滿頭銀髮的沈老師。教室也從一般教學大樓，換到學校後門一間獨立教室。教室有廁所，交通車接送也方便。但我們也因此，幾乎接觸不到其他孩子。

沈老師鄉音很重，下課時會在教室外抽菸，看上去心事重重。我是出社會多年，想起他，才比較能體會他當時的心境。

幾個孩子身體不便，其中一、兩個還有學習問題，父母對他們沒有太多期待（有學校可以去已經萬幸），想必很難在這些孩子身上，找到教學成就感吧。

如果你教書多年，來到快退休年紀，被學校派去教一群特別的孩子，教室在校園邊陲，在心理上跟地理上，會不會都有一種被「發配邊疆」的感覺？會不會覺得自己跟這些孩子一樣，要送走也挺容易的？

上課時，他很想把自己會的教會我們，但有些力不從心，因此我們有滿多自習時間。當時他工作中接觸最多的，是我們這些孩子，即便我們跟他不親，但時間一久，他還是想知道我們怎麼看他。

怎麼做？只能透過作文。

有一學期，他給我們出的作文題目是「我最懷念的老師」。無一例外，我們每個人寫的，都是一年級教我們的郭老師。下一學期，他把題目改成「我的級任老師」，只能寫他了。

我認真想了一回才下筆。那一次我拿到「甲下」，作文有史以來最好的一次成績。是我文筆變好嗎？還是我寫了一些話，安慰到他？至少那個甲下讓我覺得，我可以寫東西。

蝴蝶學妹

升小學二年級，除了我們班，教室又多一班一年級學弟妹。教室中間，用一個長距、低矮的雙槓步道，隔開兩班。

學弟妹那一班有五人，其中一位學妹四肢萎縮嚴重。

她坐輪椅，輪椅旁掛著尿袋，全身軟趴趴，甚至頭歪一邊，也沒力氣回正。搭交通車時，我都坐她旁邊，遇上緊急煞車她頭歪向一邊，我就幫她扶正。

她是兩班所有孩子，行動最不便的一位，連輪椅都要別人推。但是，她每天都笑得好開心。

坦白說，我不理解。我雖然穿著及腰的支架，得拿兩隻拐杖走路，但我比她方便很多。

我大小便可以自理，想買文具可以自己去文具店，我的頭可以自由轉動⋯⋯她都沒辦法。我比她方便太多，都經常笑不出來，她為什麼能笑得那麼開心？

她的功課，是他們班最好的。她喜歡學習，也享受學習。你看她認真聽課的樣子，真的會感動。

別人讀書不得已，她卻把讀書當獎勵；同樣一本課本，別人讀來平平無奇，她卻讀得處處驚喜；同樣吸收知識，別人像是被雷神捶打，她卻像是被天使親吻。

一個不方便的身體，似乎沒有關住她。她身體裡，似乎有一隻蝴蝶，她哪裡也去不了，但每一天，那隻蝴蝶翩翩起舞。

升二年級那個暑假過後，她再也沒回來上課。老師輕描淡寫，意思是她轉學到天堂，在那邊讀二年級。

很多年後，我讀《潛水鐘與蝴蝶》，第一個想到的人是她。我不知道還有誰記得她，但是她燦笑的樣子，內心那隻七彩蝴蝶，都像一部動畫，存在我心版。

你可以讓一個人哪兒都去不了，但只要她心裡有一隻蝴蝶，她就有一種關不住的自由。

孤島上的孩子

學弟妹那一班導師，是葉老師。葉老師除了教學，也身兼學校公務，十分忙碌。兩位老師去開會，就會留時間給我們自習。

但我們沒在自習，都在玩。我們會在教室後面打棒球，或在教室跑來跑去、爬來爬去，玩鬼抓人。我們很野，講話粗鄙，滿口三字經，反正大家都不方便，不需要對誰客氣。

我一直在進學國小讀到五年級，後來因為脊椎側彎，到台北振興醫院開刀，轉到醫院附設小學。

小學五年獨特的經歷，讓我上國中之後，在一般班級，不太知道怎麼跟其他孩子相處。

從小學到高中，我都有一種感覺，像活在一座人煙稀少的孤島。我在島上往來的人有限，眼界有限，疆界有限，但我對小島外面的世界，充滿好奇跟嚮往。我想出去看看，又不知道怎麼去。

小時候，像我們這樣的小孩都會看一本書，鄭豐喜先生的《汪洋中的一條船》。鄭先生雙腳肌肉萎縮，不良於行，卻考上大學，娶妻生子。

我也嚮往有一條船，能帶我離開。當時班上人不多，我都告訴自己要考第一名。爸媽沒逼我，但我知道要努力讀書，才有出路。

我沒想到，後來我從書本上習得的知識，化身為一條船，載著我，向遠方出發。

6 振興醫院（上）

如果你能夠為一個人勇敢一次，你就能把你的勇氣，感染給那個人。

母親的承擔

母親只有小學畢業，父親連小學都沒讀完，他們都是十幾歲就出社會工作，分擔家計。

他們是在撞球間認識的。母親在撞球間工作，父親來打球，母親覺得這個人殷實可靠，開始往來。她大父親一歲，是姊弟戀。交往沒多久，父親要去當兵，母親說，我等你。

她依約等到父親退伍。結婚那一年，父親二十四歲，母親二十五歲。他們以一年一個孩子的速度，生下哥哥、姊姊、我。

然後，我染上小兒麻痺。他們不滿三十歲，生活不易，還要照顧一個染病小孩，可以想像壓力有多大。

外公是家族長子，跟外婆生了七個孩子。母親排老二，上面一位哥哥，下面五個弟妹，是家族裡的大姊頭。

外公是一位知識份子，民國五〇年代初，競選高雄省議員落選，被控「預備以非法之方法顛覆政府」，處有期徒刑十二年。寫這段時，我查了「促進轉型正義委員會」資料，看見他的判決文：

洪天時思想偏激，早對政府不滿，圖結合不滿現實之台籍青年，俟共匪進入聯合國，我國人心浮動時，或於我反攻大陸時，推翻政府，實行台灣獨立。

我不知道該說什麼，外公是有些本事，但如此恐懼的政府，未免也顯得太容易被推翻。

那是民國五十三年，外公五十歲，哥哥剛出生。後來大舅意外離世，其他弟妹需要幫忙都會找母親。母親除了照顧自己家，還要照顧弟妹。家裡發生這些變故，身為長女，不管如何都得扛起來。

我染上小兒麻痺後，不管實質上或心理上，都增添母親的負擔。

野狼125上的尋醫

我的身障手冊障礙等級，標示是「重度」。我雙腳肌肉萎縮，左腳相對輕微也不太有力，右腳完全無力，只有腳趾能動。

走路我只能靠左腳支撐。我的雙腳長短不一，一開始右腳比左腳短五公分，後來差距逐年拉大。

開始走路後，為了要平衡左腳，右手臂就得承擔更多重量，後來雙臂發育也不平均，右手臂明顯比左手臂粗壯。

有段時間，我常覺得，我身體左右兩半，好像來自不同「元件」。

我左眼雙眼皮，右眼單眼皮；左耳小且聽不見，右耳大聽力敏銳；右臂粗壯，左臂一般；左腿萎縮但比右腿粗，右腿像一節竹竿⋯⋯

小時候我甚至天真想過，這樣的身體，是不是老天爺拿那些用剩的積木，隨便拼湊起來，丟進我媽肚子裡的？

是，不懂事的自己，或是好事的他人，都會對這樣的「身體」編故事。特別是別人編的故事，內容不脫前世今生的因果報應……聽起來，都像做錯事的懲罰。

爸媽總是想方設法，要讓我的雙腳恢復活力。小時候，我常有的行程，是爸爸騎著野狼125機車，載著我跟媽媽，到處求醫找偏方。

我看過各式各樣的醫生、密醫、推拿師、廟公、乩童。我喝過很多宮廟的符水（把符燒了配鹽水喝）、其苦無比的中藥。雙腳貼過無數膏藥（拿來當壁紙可以貼滿一片牆），經歷無數推拿按摩。

爸媽心疼不忍時，會買玩具給我。我好幾台火柴盒小汽車，是喝很多碗又黑又苦的中藥，換來的。

只要聽說，誰家小兒麻痺的孩子，因為某某治療得到改善，爸媽就會載我前往一試。即便那些嘗試，後來都沒什麼成效。

寫到這一段我才意識到，他們在我很小，就透過這些嘗試，為我埋下一個希望的種子。

孩子小兒麻痺沒錯，行動不便得拿拐杖，但說不定還是有機會可以改善。只要有機會，就應該試一下，不要輕易放棄。

前往台北振興醫院

小兒麻痺在台灣流行期間，很多染病孩子的家庭，都沒有充足資源。蔣宋美齡夫人有感於此，創辦振興醫院，讓許多小兒麻痺病患，可以接受醫療矯正與復健。

我升國小六年級，媽媽聽說台北振興醫院，決定帶我上去看看。

有一晚，我們搭夜班火車，從台南出發。夜車幾乎每站都停，我難以入眠，睡睡醒醒，經常看著窗外。

我記得窗外迷濛的燈火飛逝，拂曉前大地將醒的樣子。往下會發生什麼，我完全沒概念。

我們清晨抵達台北，第一次離家那麼遠，我興奮又好奇。

當時下火車站，第一個浮上腦海的想法是，台北人怎麼會長得跟我們一樣（首善之區，不應該長得不同嗎）？

我們搭車前往醫院，沿途我不停張望，城市車水馬龍，馬路寬闊，繽紛熱鬧，跟台南很不一樣。

到了醫院，等了好久的掛號，終於輪到我看診。醫師說，我脊椎略微側彎，雖不嚴重，但是最好及早開刀矯治，不然以後惡化，會影響到心臟跟呼吸。

還有，我右大腿上翹，右腳呈ㄑ字型，右腿靠鼠蹊部，也必須開刀矯正，才能讓右腿平直。

簡單說，要動兩次手術：脊椎，跟右腿。

脊椎矯正，是大手術，必須分兩階段進行。第一階段，用物理的方法先將脊椎拉直，一般要花上一個月左右。

脊椎拉直之後再開刀，要剖開背部，在脊椎骨上釘上鋼條，定型脊椎，防止繼續側彎。手術有風險，過程中如果不慎傷及神經，可能會半身不遂。

過程的辛苦，更不用說。

除了術後疼痛外，要讓鋼條能固定跟脊椎貼合，必須穿上一件石膏衣，長達半年。上半身會像木頭人一樣僵固，而且無法洗澡。

幾個月無法洗澡，身體會散發什麼異味？

那是個大決定。爸媽討論過後，與其放任我脊椎繼續側彎，不如一次矯正。痛一陣子，好過苦一輩子。

不久，我就收到振興醫院的入院通知。

脊椎手術前半段

那個時代，小兒麻痺病患很多，在醫院開刀需要排隊。一般來說，病童入院後會先做一段時間物理治療，等候開刀。

術後再加上復健、製作支架，經常會在醫院待上半年、一年。需要多次手術的孩子，一待兩、三年也是有的。

為了不荒廢學業，蔣夫人在醫院創辦學校，讓孩子們可以一邊接受治療一邊學習。有點醫療住宿學校的味道。

我進醫院後加入小學部六年級，早上上課，下午做物理治療。

母親決定上台北工作，一邊工作一邊照顧我，哥哥姊姊就讓父親照顧。她在一家西餐廳廚房，找到晚班工作，白天可以到醫院看我。

坦白說，我不喜歡這樣安排。醫院的小孩，沒有人的爸媽會三天兩頭來。有人的爸媽幾個月都不來，彷彿交給醫院後，忘記有這個孩子。

她一個禮拜來兩、三次，顯得我很弱，身邊的孩子逮到機會就嘲弄我（也許是為了掩飾家人不能來的失落），我常遷怒她，叫她不要來。

我一直都無理難搞，帶給她無數難堪時刻，非常欠揍。

身邊的孩子一邊笑我，一邊又跟我維持關係。因為媽媽來，都會帶吃的。除了各種煲湯，還有零食，我都會分大家一起吃。

脊椎矯正是大手術，一般要等上幾個月甚至半年。母親出社會早，明白人情世故，給醫師送了禮，我進醫院一個多月，就排進手術名單。

手術第一階段，要用物理方式把脊椎拉直。

第一次進開刀房，我不懂緊張或擔心，就是傻傻聽任安排。我被推進手術室，護士阿姨給我戴上口罩，我沉沉睡去。

醒來，頭顱釘了四根鋼釘，前額左右各一根，兩邊耳朵上方各一根。四根鋼釘，被一個正圓鐵環固定，鐵環兩側突出一截螺帽。

另一個半圓鐵環，左右兩側有溝槽，可以垂直勾住正圓鐵環兩側螺帽，也可以拆下。半圓鐵環正後方有掛勾，勾著一個滑輪，滑輪連接沙包。

我的雙腳也打石膏，鋼釘釘進膝蓋上方骨頭，雙腳鋼釘用綁繩接到病床尾端，一樣連接沙包。

也就是說，我的頭跟雙腳，得透過兩端連接的沙包重量，把脊椎拉直。我必須這樣躺著、趴著，至少一個月。期間不斷調整沙包重量，直到把脊椎拉直，才能開刀。我只有吃飯、大小便，可以卸下半圓鐵環，坐起來。

接下來一個月，我只能生活在這張病床上，什麼都不能做。或躺或趴，像一張不斷在煎鍋上翻面的蔥油餅。

母親推我出去看電影

傷口的疼痛，沒有太打擾我，但我有各種不適，我覺得頭很重，身體很僵硬，一直躺床上很無聊。

當時在振興醫院，小孩都期待禮拜六。禮拜六家長會來，家長沒來，一些有愛心的大哥哥大姊姊，也會來陪伴我們玩。但我們最期待的，是週六晚上看電影。醫院有一個很大的圓型餐廳兼活動中心，週六晚餐後，工作人員會收起餐桌椅，搭起大型布幕，用膠捲放映機，放電影給我們看。

手術完第一個禮拜六，因為各種不舒服，跟媽媽吵著要看電影。我不是真的想看，只是覺得，都被弄成這樣，不要連一部電影也不讓我看。

那是一個無理要求。我的病床特殊，要把病床從病房推出去，不容易。萬一不小心被頑皮的青仔欉小孩，推著飛快輪椅撞到（醫院多的是拿輪椅飆車的孩子），我頭上釘四根鋼釘，不是開玩笑。

護士阿姨再怎麼有愛，也不會同意這種事。但我媽不管，我不知道她怎麼説服護士阿姨，她跟其中一位，聯手把我推出病房。

我印象太深，一路上來探望小孩的三姑六婆説話了：「啊是不看會死喔？」「是有多愛看電影啦？」「生這落款，還要看電影？」

我們來到圓中心，我起身坐著看，但我的頭好重坐不久，只好躺下來。躺下來，又被人群擋住看不清楚……整個過程，沒有觀影的愉悦，只有不舒服。

沒多久，我跟媽媽説，我不想看了。媽媽又把我推回病房。

那麼多年過去，我完全想不起我看了什麼電影，只記得媽媽把我推出去。她才小學畢業，不懂什麼教養理論，但她把我推出去。

她總是在很多關鍵時刻，把我推出去，總是用那樣一推，明白告訴我：「兒子啊，如果別人家小孩可以，你也可以。」

她不讓我拿身體當藉口，拿身體的不便，當作無法前進的理由。不，反而是因為不便，更必須想盡各種辦法，讓自己出發。

後來在企業課堂上，我會分享這個故事，鼓勵同學跨越限制。

有一回我突然想到：媽媽是從小到大都那麼勇敢嗎？還是她因為生了我這樣的孩子，不得不勇敢？不然，她要怎麼教會我勇敢？

我確定她的勇敢，是後天鍛鍊的。

為了生存，為了照顧弟妹，為了不讓人看不起，為了扛起一個家，為了她拿拐杖的孩子。

我本來是一個怯懦的小孩，小時候親戚來家裡，我常會躲在房間不見人。

明明是一個膽怯又容易緊張的小孩，怎麼長大以後，會跑去TED，面對上千群眾演講？到底是哪來的勇氣？

一切，都串起來了。

母親那一推，其實也明白告訴我：如果你能夠為一個人勇敢一次，你就能把你的勇氣，感染給那個人。

要是那個人接棒起跑，你無法預料，他會跑多遠。

7 振興醫院（下）

我看起來、走起路來，都像一個拿拐杖、沒戴頭盔的鋼鐵人……準備踏上下一階段的「救援任務」。

脊椎手術後半段

我戴著像太空人般的頭盔，頭腳各吊著沙包，是民國六十七年十二月。那個月，發生好多事。

美國宣布跟台灣斷交，跟中國建交。一時人心惶惶，我透過廣播，感覺到大人的焦躁。然後，二舅要結婚了。

母親每天來醫院照顧我，但身為大姊，她必須回高雄參加弟弟的婚禮。回去那天她放心不下，很不捨，用力親了我當 kiss goodbye。

我還好，二舅跟二舅媽結婚我很高興，只是遺憾不能參加婚禮，喝他們的喜酒。但沒多久，二舅跟二舅媽就上來看我，順道在台北度蜜月。

二舅媽非常良善有愛，總是先照顧別人，才輪到自己。二舅為人剛直，凡事講理，她卻用她的良善溫暖，柔和家族關係。外婆、妯娌、家族裡的小孩，無一不受到她溫柔的照顧。

除了父母之外，她跟二舅，一直都是最照顧我的大人。直到現在，每次去高雄看他們，她總要我帶上有機蜂蜜、藝妓咖啡豆……

那一個月，家人不在身邊時，躺著我就看書，趴著我就聽廣播。廣播，經常播放當時流行的校園民歌，我很喜歡。沒想到，日後我進滾石唱片，企劃的第一套產品，就是校園民歌郵購專輯。

我的第一階段治療，成效不錯。身高抽高幾公分，顯見脊椎有拉直，只不過左右腳差距，也跟著拉大。日後右腳穿的支架，大概得墊高十公分以上，穿上「高跟鞋」。

巡視病房的醫師說，可以動手術了。我再次進開刀房。

手術一開始，要先拔頭上跟腳上的鋼釘，再剖開背部，在脊椎骨釘上鋼條固定，防止脊椎側彎。我記得剛上完麻藥，還沒睡著，醫師就開始拔我前額的鋼釘，第一根拔完，我就睡著了。

等我醒來，我看見輸血袋、點滴，我躺在恢復室，一直顫抖發冷。我喊了護士阿姨幫我蓋被，被子蓋上不久，又覺得熱，又請阿姨幫我掀被子……如是反覆。期間，有人打電話進來關心，護士阿姨說，孩子還好，就是有點吵。

當天晚上，我移到一個雙人病房，整夜睡不著，常常按鈴叫阿姨。一會想小便，一會覺得冷，一會看見點滴快滴完提醒阿姨更換……虛弱又無助。

我必須再躺一段時間，讓身體適應脊椎上的鋼條，連起身都不行。那段期間，最痛苦的是彎膝蓋。因為雙腳打石膏固定伸直一個多月，任何一點彎曲都是劇痛。我就是每天一個小角度，慢慢彎，直到膝蓋能全面彎曲。

半年在家靜養

等我恢復差不多，院方在我上半身，做了一個石膏版的「鐵布衫」。一方面保護，一方面定型。

接下來，我要穿上這件鐵布衫至少半年，盡量避免跌倒。我本來能拿拐杖走路，現在只能坐輪椅。

我得回台南靜養，直到石膏拆卸。當時我們家原本二十八坪大的日式平房，已經改建成兩間四樓透天厝。哥哥姊姊都上國中，爸媽要工作，我又恢復起還沒學走路前，一個人單獨在家度過早上的日子。

我總是坐在二樓陽台，看屋外鄰居動態。每天的風景都類似：溜小孩的媽媽，去菜場買菜的奶奶，騎三輪車載貨、有些弱智、常跟家人大呼小叫的大頭。

母親會事先幫我準備好中餐，她忙到下午兩點後才回家。傍晚，她幫我洗澡，為家人準備晚餐。我身穿石膏衣，怎麼看都像病人。我不知道，身上是不是散發異味，我已經聞不到。想起來，家人對我真的很包容。

半年後院方通知北上，我又回醫院，拆石膏。

那一晚，在旅館浴室，我上半身滿是汙癬，母親接連幫我洗了幾次身體，浴缸滿滿汙水。

為了固定以及防護，院方幫我做了胸背支架。之後要把一個像馬甲般的支架，穿在身上。我必須回台南再休養一陣子，才能動右腳鼠蹊部手術。

重回學校讀六年級

進學國小已經給我畢業證書，但六年級的課，我只上了兩個月。我還是想回學校，把六年級的課讀完。

原來的同學已經畢業，小我們一屆的學弟妹，只剩兩人，學校就把原來的特殊班併入正常班級六年七班。

六年級教室在二樓，廁所在一樓。每天早上，開車載我們的郭叔叔一到校，就請班上幾個孔武有力的男生下來，把我們連同輪椅一起抬上二樓教室。要上廁所或放學，就請同學把我們「搬」下來。

那一年，我跟另一位坐輪椅的同學，受大家很多照顧。一位體格壯碩同學，甚至獨自一人，就能拉我的輪椅上上下下。我們坐在教室最後排，下課十分鐘，同學常來跟我們聊天。

我們的級任老師姓謝，有年紀，但風趣有料。他鼓勵我們閱讀，他說他小時候本來不愛念書，但有一回，當兵的哥哥回家，講了一個故事給他聽。那個故事精采動人，故事來到最高潮，哥哥突然推說有事要忙，沒空再講。

「不行啦，怎麼可以講一半？」他氣急敗壞。

「要不然，書在這邊，你自己看好了。」哥哥說。

不得已，他只好拿書起來看，結果一看著迷，從此掉進書本的開闊世界。

他教過的好多東西我都不記得，但這個故事我記到現在。一本書，就可以把一個不愛讀書的少年，變成一個影響無數孩子的老師。

第二次手術

我讀了一學期，回到振興醫院，準備第二次手術。我再次加入小學部六年級，繼續未完課業。除了課業外，我開始讀原版《西遊記》、《水滸傳》及《三國演義》。

我們老師是吳老師，很關心學生。我功課不錯，被選為班長，很努力照顧同學。週末，很多父母會來看孩子，帶孩子出去吃飯。因此，院方準備的餐食沒有平常多。好幾次用餐時間，我都幫同學找到用餐座位後，自己衝回寢室吃麥片。

我的第二次手術，單純順利。等右腳石膏拆卸，我開始穿起連到腰身的支架。連同之前的馬甲，我看起來、走起路來，都像一個拿拐杖、沒戴頭盔的鋼鐵人。

外面沒有誰等我拯救，我需要拯救的，只有我自己。

我用兩年矯正身體，配上新裝備，準備踏上下一階段的「救援任務」。

8 國中那三年

如果有人善待你，對你懷抱期待，至少，你不要辜負他的期盼。

父親送我上學

小學畢業後，我讀忠孝國中，學校在鐵道旁。我不再有交通車接送，父親得一早送我去學校，傍晚，再接我回家。

父親是水泥工，每天砌磚、抹水泥牆、鋪水泥地。粗重工作耗體力，需要睡飽（小時候他中午回家吃飯，飯後會在躺椅上午睡，要是吵醒他，總不免挨一頓罵），每天早起，七點半前送我到校，對他來說辛苦。

我三不五時會遲到，我不喜歡，卻也無法說什麼。我們的教室在二樓，父親送我到教學大樓，我就爬樓梯上樓。新的支架支撐性很好，我上下樓梯沒什麼困難。

學校是男女分班，男生班以甲、乙、丙、丁……排序，共十班；女生班以忠、孝、仁、愛……排序，共八班。一個年級十八班，一班四十幾個人。

早上早自習，導師會來視察，大家就寫寫作業、打掃、準備小考。朝會升旗典禮，我不方便不用去，結果一位同學，常請我幫他寫作業：「反正你也不用升旗，幫我寫一下嘛。」

如果你是我，會幫他寫嗎？

國中同學跟小學同學不同，他們來自不同環境，眷村、本省小孩都有，看起來更成熟。我覺得自己矮同學一截，明明大他們兩歲，心智上卻像個低齡跳級生，不知道怎麼跟他們相處。

我不知道怎麼拒絕。拒絕，以後會被欺負嗎？只好幫他寫。

我記不得我寫了幾次，但寫的時候覺得委屈，為什麼功課做完，還要幫人家做？

後來偶爾跟人提起這段往事，都開玩笑說，我功課好有原因，因為作業寫很多。

精進學習

英文是國中新科目，我英文不太行。我跟父母說，我想補英文。我問同學都去哪裡補，跟著去一家光明補習班，每個禮拜六補習一下午。

老師教法無比簡單，就是讓我們大量造句、大聲朗讀，把語感培養起來。學到方法後，我常用英文自言自語，一人分飾兩角來回對話。

補了一學期，我就跟爸媽說，可以不用補了。從此英文學期成績，沒低過九十八分。英文成了我的強項科目，日後出國旅行遇上老外，我能侃侃而談毫不畏懼。

國一下能力分班，我分到升學班。我發現我數學也需要加強，又跟著同學，去學校一個數學老師家補習。一週兩天，晚上六點到八點。

老師家離學校不遠，放學後我慢慢走過去。補習結束，父親會來接我。有時老師下課比較晚，父親就要等我。

有一回，外面下起大雨，老師又延遲半小時下課。

我一下樓，就發現父親在對面滂沱大雨中等我。

他穿著雨衣跨在摩托車上，看見我，帶雨衣過來幫我穿上，斗大雨滴無情打在他身上，淋溼他的臉，他護著我走向機車。

我非常不捨，無比難過。

我跨上機車，坐在後座緊抱住他，告訴自己，長大後一定要賺很多錢，帶他出國去玩。

除了英文、數學，其他科目我也在摸索高效的學習方法。有一回看到《讀書三十六計》這本書，書中提到背誦科目一邊寫一邊記，效果更好。我找了很多空白Ａ４紙對折三次，一邊讀一邊寫。寫滿一面換另一面，直到整張紙密密麻麻被我寫滿。

我不斷改進讀書方法，成績大幅進步，拿過全校第一名。

獨特的班導師

我們班導師是王宗傑先生，他教國文，把課程教得極其生動。與其說他教國文，不如說他透過語文，教思辨、教生活、教人生。課本內容，他從不讓我們照單全收，而是引導我們思考。

如果一個國君昏庸、蒙昧、荼毒百姓，你還要忠君嗎？如果你爸讓你去作奸犯科，你不聽從，就是不孝嗎？

課本那些文章，是古今中外作者的生活感悟、體察、想法，是他們的人生開箱文，可以參考，但不必全盤接納。我們的腦袋，不是他們想法的運動場。

在那個時代，所有人都希望你當個乖孩子，聽話就好。他卻希望我們有自己的想法，不要盲從、人云亦云。

他考試出題，也跟其他老師不一樣。其他老師出題，你只要熟讀課本，從記憶裡翻答案就可以。他的題目，你得思索。總有幾道題，你寫什麼都對。

他認為人生太多東西，沒有標準答案。有標準答案的題目，對學生理解世界沒有幫助。

他獨特的教學風格，其他老師有意見（考卷也太難改了吧），校方也有意見，但他從來沒彎過腰。後來他去南一中教書，也一樣。教學會議，面對許多質疑，他照樣挺直腰桿。

那是他的身教，他有想法，也挺身捍衛。他親自示範給你看，面對高牆式的威權，成為一顆雞蛋並不是個體唯一選項。

個體雖然渺小，但只要想法堅定，內心強大，也能當一顆壓不碎的鑽石。

多年後一次聚會我問他，一個人對抗體制，不害怕嗎？他說，完全不會，只要高牆繼續存在，他就有滿滿的鬥志。

他鼓勵我們閱讀。每次考試，班上前三名都能收到他送的書。他送同學的書我沒有，就自己買。我廣泛讀課外書的習慣，是那時候培養的。每次段考完，我都去逛書店。

授課之外，他很關心學生。每個學生家裡狀況，他都清楚。他對那些爸媽辛苦，但學習不認真的同學，特別嚴格。

有位單親家庭同學，母親工作辛苦，他只要學習不認真，都會被老師打很凶。老師藤條打在手心，像在告訴他：你媽媽沒空督促你，老師不能對你放水。

老師最令我難忘的，是國二下父親肝癌過世，出殯那天，他全程陪伴。

他不是來捻香致意，而是一路陪我們完成家祭、公祭，陪我們前往父親墳前，看著父親下葬。

我跟父親感情很深，小時候他上工前，會先抱我上廁所；我跌倒，他第一時間衝過來把我抱起；他每天接我上下學，風雨無阻。他希望我考上南一中，我看起來有機會，但來不及……

父親出殯那天，我情緒複雜。他要從我生命退場了，我看著葬儀社人員，把他的棺木放進墓坑，鏟土埋上。也同時看著老師站在一旁，靜靜陪伴，沒有任何不必要話語。

他在父親墳前高大的身影，我牢牢記住。他挺立在那兒，彷彿在說：「你父親走了，但你要記得，你不是全然沒有依靠。」

我日後常想，我不過是他班上幾十個學生之一，他卻付出這麼多關愛。

那高大身影，後來也變成一個路標，如同我二舅。能成為那樣堅定的大人，去為一個人付出，何其美好，何其值得努力。

每學期期末，老師都會在同學的學期成績單上，寫幾句評語。他給我的評語，我唯一還記得的，只有四個字：堪可造就。

儘管我不方便，他覺得我值得栽培。很多人對我們這樣的孩子，沒有太多期待，能自理生活，不要成為他人負擔就好。但他覺得，我值得栽培。他透過言行，不斷讓母親跟我明白這一點。

如果有人善待你，對你懷抱期待，至少，你不要辜負他的期盼。

能成為老師的學生，我無比幸運。我到台北工作後，每年回台南，都會去探望老師，請他跟師母吃飯，直到現在。

十字路口的司機

父親離開，像一瓶烈酒，入口固然辣喉，但真正的後座力，都在之後發酵。

當時，我晚上的數學補習還繼續。學校下課，我慢慢走去老師家。一個補習日我過馬路，心不在焉，結果在馬路正中間跌倒。

想聽實話嗎？那一刻，我完全不想爬起來。

我父親離開了，我跌倒，他再也不會衝過來把我抱起。

我考全校前幾名，卻連上台領獎狀的能力也沒有。

我欣賞女生班一位同學，卻連跟對方開口說話的勇氣也沒有。

就連過個馬路，還會在馬路中間跌倒……

請告訴我，這樣的人生，到底有什麼值得好活？我有許多不便，這些不便我好像再怎麼努力，也沒辦法改變。我完全不想爬起來，算了，車子輾過算了。

但是，停在我前面的一位司機大哥衝出來，把我抱起。他送我到馬路對面，關心問我，還好嗎？有沒有怎麼樣？要不要送你去醫院？

我說，大哥謝謝你，我還好。

他確定我沒事，回到車上，綠燈亮，他繼續前行。我看著他開走，然後帶著強烈的挫敗感跟羞愧（剛剛在想什麼），繼續往補習班走。

我是過了很多年，想起這件事，才看出它的意義。

那位司機大哥，用行動告訴我：「傻小子，跌倒有什麼關係，這世上天使很多的，就算你爸爸再也不能衝出來，其他人也會衝出來。」是。爸爸離開，但天使沒有，他把棒子，交給了那位司機大哥。

當你不再把焦點放在你沒有的，不再執著非得是你爸爸，司機大哥會衝出來，你會發現新可能。

後來，我把這事件延伸成一個概念「跟沒有借東西」，站上TED講台，跟大家分享。

那是我對司機大哥的回報。

四十年過去，不知道他還在不在？如果還在，會記得這件事嗎？

謝謝他把我抱起，謝謝送我到馬路對面，謝謝他送我一個開闊的視角。我從他當年的義舉，提煉出一個想法，透過TED分享出去。

但願那則演講，也曾經鼓舞過人。曾在一個人跌倒時，將他扶起，安慰過他。就像當年司機大哥，對我做的一樣。

第一部機車

父親過世，我每天上下學，換成母親接送。母親當時在一家旅館工作，要輪班，無法天天接送。

後來在二舅資助下，母親買了一台 50CC 的改裝機車，後輪多兩個輪子，右側可以放拐杖。

她騎了那台改裝車，把我載到台南體育場附近空地，教我怎麼加油，怎麼煞車，讓我練習不到半小時，就要我騎機車載她回家。

就這樣，我開始騎車。從此，上學，我想多早到校都可以；放學，想多晚回家都可以。補習，我再也不擔心老師晚下課，母親需要在外面等我。

我當時十四歲半，開始無照駕駛。國中、高中，我都穿校服背書包騎車上下學。看上去太明顯，年紀這麼小，不可能有駕照。

也許看見我的警察都覺得，別為難這個孩子吧，他的人生前進，需要這台機車。

開始騎車後，我的生活圈，像漣漪一樣外擴。以前，我的生活區域，就是學校跟家裡。現在，我可以去書局，去同學家，去電影院，去海邊，去重劃區看人玩遙控飛機。出社會我學會開車，也全台灣跑透透。

更後來，我甚至嘗試獨自出國旅行。隻身在外，人生地不熟，的確有很多不便之處，但我找到應對的方法。想像中的不便，其實並不難克服，甚至不需要特別勇敢。讓一個人走不遠的，不是雙腳，而是他對這個世界，不夠好奇。

母親的男朋友

民國七十四年父親離開，留下一些債務跟銀行貸款，印象中有一百八十萬，母親一肩扛起。當時，銀行跟許多親友都收傘。她借給妹妹幾十萬，需要錢的時候，妹妹卻無力償還。她要還債，要養三個孩子，我親眼看見，她被逼到歇斯底里的樣子。

她性格火烈，嗓門也大，脾氣說來就來，劇烈與摧毀程度，都是超級強烈颱風。父親還在，家裡就她說了算；父親離開，又承擔巨大壓力，她更獨斷，很多決定無暇顧及小孩感受。

哥哥姊姊，經常被母親的專斷跟脾氣壓下。但我從小難搞，脾氣又臭又硬，加上讀了點課外書自以為是，經常反抗母親。

我對她長期的反抗，是從她在旅館工作，認識一個賣衣服的男人開始。那個男人是有婦之夫，開始三天兩頭來我們家，甚至會住上幾天。然後，母親要我們對他禮貌，叫他叔叔。

她沒事先跟我們談這件事，更別說徵詢我們的想法，就是把人帶進來，變成事實，要我們接受。

我完全無法接受，我有很多意見，但不知道該怎麼辦。

首先，這跟我理解與想像的母親角色不一樣。

書上、電視上，那些失去另一半的母親，不都以孩子為重？誰會那麼快交往對象？就算交往，也是循序漸進，給孩子一些緩衝期去適應。重點是，她們不會找一個有婦之夫。那是破壞人家家庭。

我完全無法明白，母親為什麼要那樣做？世間沒別的男人了嗎？為什麼把自己放那麼低，找一個不牢靠、會背棄原來家庭的人？他此刻背棄原來家庭，以後不會背棄妳嗎？

她不管。

不管我們的想法，不管街坊鄰居眼光，也不管親友怎麼看。她做著我無法認同的事，但她是我母親。

能怎麼辦呢？當她跟男人的面，大吵一頓嗎？男人遷怒她怎麼辦？做出傷害她或家人的事，怎麼辦？

更慘的是，無法敬重的人，我們必須對他客氣。

生活壓力，把母親完全變成另外一個人。先前她強悍無比，如今她脆弱得連一塊不可靠的浮木，都要抓住。

後來，她跟著他四處賣衣服。她不在，就請外婆來照看我們。我記得一次她難得回家，我生病發燒，她沒留下來照顧我，還是跟那個人出門。

那件事，讓我無比失落。

天秤上，我們三個小孩跟那個男人競爭，卻一直是輸家。父親離開，我們更需要母親，但我們已經不是她的焦點。她的焦點，都在那男人身上。

我們家三個孩子都來到青春叛逆期，但家中最叛逆的，卻是母親。

她無視他人眼光，經常不在家。台語有句話說「出門敢若拍毋見，轉來親像抾著」（出門像走丟，回來像撿到），恰恰是母親當時的寫照。

我當時心中，滿滿不理解、不諒解。我很遺憾父親早走，如果他還在，這一切都不會發生吧。我無法體會到母親所承受的一切。

一直到我離家，去台中讀研究所，獨自在外生活，才明白她的不容易。才明白，是多麼巨大的生活壓力，才會把人扭轉成完全不一樣的面貌。

日記的內心戲

那段期間，我在家中沉默抗議過。足足一個多月，我回家都不講話，只是點頭搖頭，家人跟我講話，我都不回應。

我覺得哥哥姊姊不了解我，媽媽沒空理我，說什麼也沒用。在學校，我也無法跟其他同學說家裡發生的一切。這種事要怎麼說呢？說了，他們又能做什麼？我覺得孤單，就寫日記，跟自己對話。

我小學六年級開始寫日記，我常想，我對現實不感興趣，是因為當時身處的現實，我不想面對嗎？我更感興趣的，總是故事與想像。

記得有一次班上有位同學，被後段班同學追打，流鼻血躺在地上，我竟然走過去「安慰」他說：「別擔心，正義最後一定會得到伸張。」

如果是漫畫式處理，他聽完那一刻，應該會噴更多鼻血吧，也許心裡還O.S.：

「同學拜託，拿一包衛生紙先……」

我的非現實風格，那時候就開始，延伸到日記。

日記裡，我寫最多的，是課業。

我模擬出一個教練，考試考壞，教練會跳出來，說很多責難跟鞭策的話。考得好，教練也會跳出來，提醒我別驕傲，不過是運氣好，讀到的有考。別人都在努力彎道超車，千萬不能鬆懈。

你國中時，會這樣嗎？

日記另一個主題，是女生班一位同學。

她陽光燦爛，活在一個健康家庭，父母是讀書人，重視孩子教育。我們教室在不同棟，只有補習時會見到。每個禮拜，我都期待補習那兩個晚上。

我功課好，但爸媽沒讀什麼書，家裡已經是單親家庭（不，比單親複雜）。我隔著距離默默看她，看她燦爛，如花綻放。但什麼事都沒發生，表面雲淡風輕，日記波濤洶湧。

多年後，我在滾石唱片做校園民歌，把這一段寫進文案。

畫面是國中男生的日記本，潦草字跡，寫著與女同學的校園巧遇，文案是：**每一本日記，都藏著一個被暗戀的名字。民歌，記得你年輕過。**

都是回顧時，我們才能串起那些點點滴滴，對吧？

國中三年，我不斷摸索學習方法，我喜歡學習，喜歡解題。功課好，是我當時唯一的慰藉。至少，我有一項能力出眾。

很多同學都認為，我日後一定會考高普考，當個穩定的公務員。

畢業，我拿到市長獎，順利考上南一中，是父母兩邊家族第一個考上第一志願高中的孩子。我很開心完成父親的遺願，好希望他能看見。

下一章，來說說我父親。那是我最想說的故事。

9 我的父親

我很早就明白，我們要的不一定是真相，而是一個可以放下的角度，一個可以繼續向前的故事。

殷實的水泥工

我父親，叫「許清朝」。

每當我填寫表格，對人提起父親的名字，總有人自作聰明問：「那你伯伯是不是叫『許明朝』？」

抱歉，不是。

關於父親，我想起的最早影像，是我們從大家族搬出來，他一早上工前，在租屋廁所抱我上大號。

我雙腳跨他雙手，背靠他胸膛，他穩穩把我抱在空中，我記得他臂膀的堅實。

他沒讀什麼書，小學沒畢業就出來當童工，只會寫簡單人名跟阿拉伯數字。哥哥姊姊中午放學，在家門前做功課，他會跟著一起坐在小板凳上，在小桌子前記帳。我會躲進他懷裡，看他在帳本上寫下日期，寫下自己跟工人的名字、要付多少工錢。我記下他寫字緩慢，吃力的樣子。

那是我對他第二個鮮明影像。

他是水泥工，每天做粗活，砌磚、抹牆壁、攪拌混凝土灌漿……可以養家活口，就是要風吹日曬，汗水淋漓。他希望小孩多讀書，以後靠腦袋，不用靠勞力。

他良善老實，台語說「古意」，說的就是父親這種人。

他開始當工頭，承包房子興建，給的報價也無比老實。建築師設計費、建材費、各種工人的工錢，再加上自己的工錢，就報出去了。

他忘了金主建案委託人會砍價，他又不擅長討價還價，結果常把自己的工錢也倒貼進去。蓋一棟房，勞動大半年，最後還賺不到什麼錢，真辛苦。

辛苦，就得慰勞自己，想著翻身。

他犒賞自己的方式，是下工後跟工人朋友喝酒划拳。喝茫了，辛苦可以暫忘。

至於翻身，他想到的方式是買愛國獎券，或者逢年過節小賭一下。

要是獎券中大獎，賭博贏大錢，就可以不用那麼勞累。

當然，大獎從來沒中過；賭博贏錢也很少，多半都輸給弟兄，給他們當奶粉錢。有一年過年，他一天贏四萬多，當時是一大筆錢。回到家他很高興，給母親跟我們三個小孩包紅包。但隔天他就全部輸回去，還倒賠。

賭博一事，母親和他大吵過幾次，所幸他並未沉迷。

翻身看起來機會渺茫，那日復一日辛勤勞動，寄望什麼呢？寄望孩子。至少，讓孩子們多讀書，過上不一樣的人生，別像他一樣，日後當工人。

載兒尋醫

良善、殷實可靠的父親，娶了聰明幹練的「某大姊」。家中多數事情，他都聽母親的。

要不要從大家族裡搬出來？要給我找什麼醫生？要不要買房子？空房間要不要租人？要不要開雜貨店……他都讓母親做主。

我染上小兒麻痺後，他經常騎著野狼125機車，載母親跟我去找醫生。母親坐後座，我坐前座，抓住機車兩頭握把，好像也在幫忙控制方向，是副駕駛。

那是小時候，我對他第三個鮮明影像。

你留意到了嗎？最早我心中三個關於他的鮮明影像，他都在我身後。在生活上跟心理上，他對我來說，都是靠山。

後來我去台北振興醫院，母親上來陪我，他要工作，又要照顧哥哥姊姊，也是他們的靠山。

當然，他也有撐不住的時候。記得母親說過，我開刀時，父親上台北幾次。那幾次，他都跟母親在醫院旁臨溪的一大片草地吵架，甚至打起來。

可能爸爸希望媽媽多回台南，但媽媽因為工作跟我，走不開。

客廳的乩童

我父母感情算好，父親有時候會在餐桌上，故意當小孩的面調戲母親。沒有哪對夫妻不吵架，他們也吵，只不過吵到激烈處，會出手打架。

小時候我們家客廳，不時上演全武行，他們當我們的面打起來。年紀還小，我們只能嚎啕哭叫，叫他們別打。後來哥哥姊姊上國中，會衝上去，架開他們倆。

如果要說家暴，我分不清，是誰家暴誰。

父親力量固然大，但打起架來，母親俐落的拳腳，也從來沒對他客氣過。男人靠拳頭讓女人乖乖聽話，在我家沒發生過。反而有時，父親會先示弱。

有一次他們吵架，母親帶我回高雄娘家，還沒進外婆家，父親已經在客廳等著了。原來我們一出門，他就騎車趕回高雄。外婆留他吃飯，勸了他們倆，於是傍晚，我們又坐父親機車回家。

他們的激烈全武行，像四季裡的颱風，不常有，很劇烈，但幾天就過去。直到我小學四、五年級，父親頻繁去找一位女乩童。

奶奶生病，父親常回去看她，順便去附近宮廟拜拜，常遇到那位女乩童。女乩童外號「香蕉王」，父親八字輕，耳根子也輕，女乩童有些本事，看得出父親體質特殊，就慫恿父親當乩童。

說是為神明服務，能給自己，還有奶奶添福壽。父親信了，之後三不五時，會突然在客廳起乩。

他先打嗝，然後不自主搖頭，抖動身體，慢慢進入不知今夕是何夕、此地是何地、本人是何人的恍惚狀態。

母親完全不想讓父親當乩童，更不希望，他跟一位女乩童糾纏不清。只要父親一起乩，她就惡言相向。罵不醒，就打一桶冷水，往父親頭上潑去逼他退駕。父親醒來，渾身不舒服又暴怒（我在跟神明連線，你這個潑婦），兩個人當場又是一陣武打。

你能想像那場景嗎？男人在客廳起乩，老婆叫罵勸退不成潑水逼他退駕，兩人在溼滑客廳互毆，伴隨三個小孩無助尖叫……

即便我不清楚別人家裡怎麼回事，這種戲碼，應該是連灑狗血的八點檔連續劇，也沒出現過吧。

娶了某大姊，生活是有柏林圍牆的，沒有比她強悍，你就爬不過去。父親當乩童這件事，就被母親阻止下來。

對父親來說，我不知道是好還是不好？

母親過世後，我輾轉聽到一種說法：父親陽壽短，當乩童可以延長壽命，母親阻止他，只好折壽來還……是嗎？

就算真的是，我也無法揣想，在另一個平行時空，當上乩童的他，會怎麼過那些多出來的日子？還喝酒嗎？買獎券嗎？賭博嗎？騎野狼125嗎？

身為他的孩子，我們又會過上怎樣的人生？

我很少跟人說起這段往事。有一位想當乩童的父親，一位拚命阻止的母親，會彼此爭執互毆……能跟別人說嗎？是一件值得說嘴、炫耀的事嗎？

直到現在，我才能明白，那有多特別。

工人父親的期待

相較於母親聰明幹練、口才便給，我更喜歡父親良善待人，寧可吃虧，也不占人便宜。

他孝順，對人講義氣，對家負責任，希望小孩多讀書。他表達愛的方式，就是帶小孩出門吃一頓好吃的。還有就是入睡前，故意用臉上的鬍渣，扎孩子的臉。

我上小學後，他知道我能讀書。等我上國中，考全校前幾名，他開始懷抱期待：「說不定這孩子，能考上南一中。」

他小學沒畢業，要是能栽培出一個讀南一中的孩子，應該很有面子。他不辭辛勞，每天接送我上學、放學、補習。遇到老師當著他的面誇我用功，他更開心。

前面提過，有一次補習下大雨，他冒雨接我，我坐在後座心疼，想以後賺很多錢，帶他出國旅行。賺錢遙遠，但考上南一中可以努力，我想報答他。

每次段考，只要我考第一名，他都帶我去吃館子。他吃東西有個習慣，會脫下鞋子，舉起右腳放在椅子上。他說這樣吃飯，才有吃飽的感覺。

我覺得不雅，在家就算了，在外面這樣不好看，像鄉下人。

我有種虛榮心，我在學校成績優異，名字常出現在布告欄，我不希望父親看起來像鄉下人。我曾想開口請他把腳放下，又怕開口，傷了他的心。

我很矛盾，我很感謝他，卻希望他像學校老師一樣，是個讀書人。

父親離世

國二上，他有一陣子身體不舒服，面色蠟黃。母親覺得有異，帶他去醫院檢查，發現肝臟有腫塊，可能要動手術。

結果一開刀發現，已是肝癌末期。醫生說，只剩幾個月，回家休養吧。

我們都好意外，怎麼會？

母親做了安排，我原來住二樓臨馬路有陽台的房間，讓給父親，方便他休養，時不時看看屋外。母親也在附近找了一位診所醫生，有什麼狀況，隨時過來照應。她也請外婆有空就來家裡住，幫忙照顧父親。

小時候家人出門，我得一個人在家，現在換成父親。

他一個人在家，是什麼心情？

想些什麼？做些什麼？

對於人生終點臨近，他害怕嗎？

我不知道，也不敢問。生病的父親，對我來說很陌生，我們之間變得很客氣。他原本就不多話，生病後更是寡言。

每天放學，我都會去房間陪他，聊上幾句，但他總是叫我去做功課，去讀書準備考試。我不知道除了功課之外，可以跟他聊什麼？如果問起他的身體，會不會刺激到他？

漸漸地，他失去食欲，只能打點滴。點滴打完，偶爾我會幫他把針頭拔出，幫他止血。看著他經歷疼痛，看著他手臂日漸萎縮，看著他日漸瘦弱憔悴，我覺得他好像一只沙漏。

每天，我都感受到他點滴流逝，感覺沙漏滴完那一天，就在不遠方。

最後一星期，他常陷入昏迷。臨走前幾天，他醒來，一直流淚，掙扎著用微弱聲音說，他還不能走，還有一個老母（臥病在床），還沒送上山頭……

淚水迷濛的眼神，滿是無助、不甘。

我們都做了準備。他離開那天早上，無預警排便，又黑、味道又重的排泄物沾滿白色內褲，外婆一邊哭，一邊幫他換上褲子。

他走了。

夢見父親

我跟父親一向親近，但他過世後，好長一段時間，我都沒夢見他。我如願考上南一中，母親帶我去他墳前上香，我親自告訴他。

如果他還在，看到我考上，面對鄰居、親戚道賀，會有什麼反應？木訥臉上會有什麼表情？會說什麼？會帶我去吃館子，請我喝一杯嗎？

他沒看見。後來我一路考上大學、研究所，考進花旗銀行坐冷氣房辦公，他都沒看見。

我想念他。都說日有所思夜有所夢，但我夢不到他。

我不明白，為什麼他不來我夢裡，為什麼不讓我看看他，跟他說說話？

他知道我完成他的遺願了嗎？他知道之前每天辛苦接我上下學，沒有白費嗎？

直到高一下，他過世兩年後，我才夢見他。

夢裡，他穿襯衫，外面套一件西裝，頭髮燙過，像一位坐辦公室的白領。時間是高中聯考放榜後，我考上南一中，他非常高興，帶我去吃館子。他點了好多菜，看上去非常開心，吃飯時，不停幫我挾菜。而且從頭到尾，他都沒有把右腳放到椅子上。

吃到一半，他說等會帶我去電器行，買一台收錄音機給我，那恰巧是我當時最想要的東西。我們吃完飯離開餐館，前往電器行，正當我們在店內挑選時，鬧鐘把我吵醒。

醒來，意識到夢見他，我無比開心。我雀躍梳洗，一邊想著那個夢，一邊準備上學。我考上南一中，他終於看見了，而且很欣慰、很開心……但是奇怪，夢裡，他怎麼會變成那個模樣？

交雜喜悅與疑惑，我出門上學。在一個平交道前，我被放下的柵欄停下，一列莒光號從我眼前呼嘯而過……我霎時驚覺。

我知道為什麼了。

我心中一直有一個理想父親的典型，是個讀書人，像夢裡那樣，完全不同於現實中的他。他離開兩年，好不容易回來看我，我還是偏執依照我的設想去塑造他，硬要把他變成我心目中理想的樣子⋯⋯

他把我養大，載我到處看醫生，風雨無阻每天接送我上下學，他為我付出那麼多，我卻依然對他的不完美耿耿於懷，還是無法接受他原來的樣子⋯⋯

變成讀書人的父親，還是原來的父親嗎？

我終於夢見他，卻感到無比悲傷。

夢的新解析

那份悲傷，我從高一下，帶到此刻。我是重看這個段落時，發現一個新角度：「會不會，那讀書人的模樣，是他刻意的裝扮？」

他期盼我成為讀書人，長大後西裝筆挺，坐冷氣房辦公，那份期盼，會不會恰好是他對自己期盼的投射？他辦不到，但期盼孩子可以。

他在世翻不了身，好不容易回孩子夢裡探望，可以選擇的話，能「cosplay」一個自己跟孩子都喜歡的樣子嗎？比方，一個讀書人？

如果讀書人的模樣，能讓孩子開心，讓孩子知道，他在另一個世界已經不同，比起在世前要好很多，孩子是不是就可以不用掛心？

相隔兩年，好不容易可以到孩子的夢裡探望，他想要孩子感到安慰，還是悲傷呢？想到這裡，我淚痕兩道。

夢是中性的，先前我只看見悲傷，四十年後，我看見了安慰，看見良善寡言的父親，可能的安排。

真的，那比較像是父親會做的事。

為父親做的事

我一直不明白，為什麼跟父親情感那麼深，緣分那麼淺？也遺憾他在的時候，沒為他做點什麼。

這樣的疑惑跟遺憾，持續多年，直到二〇一九年六月，我去拜訪一位通靈老師。

起因是有位好友，弟弟突然離逝，她心緒不寧。

她沒見到弟弟最後一面，很想知道，後來她跟家人做的那些安排，是否合弟弟的意？是否讓弟弟在另一個世界，得到安頓？

她是基督徒，因緣際會，認識一位通靈老師。透過老師與弟弟的靈魂對話，她知道弟弟在另一個世界一切安好，也遇見靈魂上的伴侶，請她跟家人不用掛念。她終於放下，感到寬心，得到安慰。她跟我說了這件事，我很感動，也升起好奇，就問了她通靈老師的聯繫方式。

我有很多事想知道，如果可以，我也想透過通靈老師，聯繫父母。我想知道，他們在另一個世界，是否安好？我跟父母緣分，為什麼那麼淺？我雙腳不便，有前世因果嗎？

我跟老師約好時間，一個晴朗上午，來到老師淡水工作室。老師人很親切，慈眉善目。我好奇，她怎麼開始通靈？

她說有一回在國外，突然能力被開啟，能感知另一個世界，與那些靈魂對話。一開始她意外，也抗拒。後來心念一轉，也許是老天要她用這個能力，協助溝通兩個世界的眾生，創造圓滿。

好奇妙。我把我的問題，告訴老師。

老師拿起不同的色鉛筆，在白紙上反覆來回刷，不疾不徐，宛若開啟天線，連線另一個世界。不同的靈魂，需要用不同色筆測試，直到連線。

老師說，我前幾世都在歐洲（我對西方藝術特別有共鳴），這一世選擇獨自來亞洲探索。我在尋找降生家庭時，像一位登山客，走累了，來到一戶人家，裡頭住著我父母，他們看我獨自一人，好心收留我。

我問，那麼我雙腳不便，有什麼緣由嗎？

她說，我跟他們接觸後，發現父親的靈承受很大的痛楚，在人間陽壽很短，決定用自己一雙腳，換父親多一點壽命……

她說，父親本來在我國小時就會離開，是我用雙腳的不便，分擔他一些苦楚，換得他多一點時間在人間……

我shock！我用雙腳不便，換父親多一點陽壽？這是什麼情節？即便我是一個說故事的人，都說不出這種故事。

我瞬間情緒爆炸，澎湃激動。

她說，包括我後來努力做了一些助人的事，都有幫到他，讓他在另一個世界過得更好，我這一世相對關注弱勢，也與此有關。

我驚訝疑惑未定，接著問，那他現在好嗎？

她說，他離世的時候非常痛苦，後來努力修為，現在在幫菩薩蓋房子，管一些營建工程。

父親生前就是幫人家蓋房子，那是他的拿手好戲，老師怎能說中？

我追問，那麼每年掃墓，我們在他墳前跟他說話，他都有聽見嗎？有，我們去掃墓時他都在，也都聽見。他很感謝我們還眷念他，每年去看他。如今我們之於他，與其說是他的小孩，不如說，更像有情有義的朋友。

我訝異不止。所以，我確實有為他做了點事，不是什麼事都沒為他做過……是這樣嗎？

我無從驗證，但是那天，關於父親，我內心向來布滿疑惑的烏雲，一下被老師的故事吹開了。一如天氣，陽光普照。

我一路哭著回家。

真相是什麼，有時候不重要。我很早就明白，我們要的不一定是真相，而是一個可以放下的角度，一個可以繼續向前的故事。

感謝老師，給我一個故事解惑，讓我有機會放下遺憾。

如果知道父親會遭遇那麼大的苦楚，在世時間短暫，我想我會用一雙腳的不便，換他多一點時間體驗人生，給我們多一些陪伴。

這麼多年過去，我的不便早已不會打擾我。但知道雙腳不便背後，有這樣的故事，就覺得我經歷過的那些，無比值得。

父親的聲音

父親過世後，我開始在學校週記裡寫他的故事。國二下，寫了滿滿一本。可惜幾次搬家，遺失了。

這一篇，是當年的復刻續作。

他民國七十一年過世，四十年過去，還記得他的，可能只剩下我們三個孩子、少數幾位親戚。我恰好能寫，就想把他跟母親的故事寫下，讓多一點人知道。

我每每想起他，都只有影像，沒有聲音。

我想不起來，他聲音聽起來什麼樣？他開懷時的笑聲、午睡被我們吵醒的痛斥、臨終前遺憾未能再陪奶奶的微弱泣訴……

我都想不起來。我高一才擁有第一台收錄音機，沒機會把他的聲音留下。

父親從人生退場，但我們都繼承他的良善、講道義、照顧弱小。

我父親叫許清朝，朋友們都叫他「朝仔」。

父親當年那些友人，我們已少往來。

要是他們知道，我們後來做的事，應該都會說：

「無毋著啦（沒錯），朝仔伊囡仔，就是會做這款代誌（會做這種事情）。」

10 南一中三年

洗手台鏡面，那個四十來歲中年男子的微笑，如同一枚勳章，老天終於頒發給我了。

閱讀與寫作

上高中後，我很快發現，有些同學是成績怪物，再怎麼努力，也無法超越。班上有位同學，近乎十項全能。國、英、數第一就算了，連美術課、工藝課，也最高分。要做到這種程度，我二十四小時不睡覺，也辦不到。

怪物同學們，個個氣場強大，像進擊的巨人，不管往哪一站，都好意提醒我：換個地方吧，你在這裡沒有勝算，把時間投入有機會贏的場子吧。

知道自己的能耐，又看到他們，我就會識趣轉向。我想上國立大學，但不再把所有心力放課業，開始向外探索。

我的同學都是聰慧青少年，會讀書也有想法。加上身處叛逆青春期，要用刻板教條洗腦我們，不可能。

學校教學，無法滿足好奇心與求知欲，我們就轉向教室外，讀很多課外書。只要有人提他讀什麼書，我就會買來讀。

黃春明、白先勇、朱天心、卡繆（Albert Camus）、沙特（Jean-Paul Sartre）、川端康成、海明威（Ernest Hemigway）、歌德（Johann Wolfgang von Goethe）、赫曼・赫塞（Hermann Hesse）……我都從高一開始接觸。

我還記得第一次讀卡繆《異鄉人》的震撼。

我總能被那些獨特的想法、情節吸引。我像在一個高塔打開窗，那些書，就是我的星空。我總能看見開闊，明白我所處的當下，不是全部的現實。

每當我被書上的想法打動，就想分享。國文課的作文簿，成為我的發表管道。升學導向的南一中，多數老師關注一個學生的成績，更勝於學生的想法。我很慶幸，高二遇到教我們國文的黃大倬老師。

當時作文要用毛筆字寫，我毛筆字不好看，但是老師能穿越不美的字跡，看見我言辭的機鋒，縝密論證的努力。

一篇作文，我常寫上十來頁。他評語也多，有鼓勵、有建議。換句話說，你表達思想，有一位老師願意跟你對話，不是居高臨下，告訴你什麼是對。

他給我很高的分數，我隱約感覺，我的文字表達，也許有力道。

一件事做起來有興味，你就會繼續做。我從學生時代一路寫，出社會寫文案、寫故事至今，很慶幸一直受到鼓舞，延續寫作習慣。

音樂與身障社團

我另一個探索的領域是音樂。

我在學校參加口琴社，跟同學一起學口琴，也上台表演過，擔任過副社長。

那時，年輕人愛彈唱民歌，常用吉他搭配口琴。所以，我也自學吉他。最瘋狂時，一天彈上九個小時，不管按弦的手指有多痛。

我也參加校外身障社團，社團成員都是身體不便的青少年。大家生活上有類似經歷，相處起來自在，交流起來有共鳴。當時我參加社團土風舞課，有位中年有愛的老師，每個禮拜教我們跳舞。

老師常挑我當舞伴，可能我行動相對靈活，也可能我讀明星高中，看起來是個積極上進的孩子。

我們很努力練習，也對外表演過，向大家傳達雖然我們不方便，也能跳舞。社團很溫暖，大家相處很愉快，是一個在「常人世界」受挫，可以回來得到溫暖與安慰的地方。但我觀察到一個現象：好多身障朋友在社團放得開、很自在、無所顧忌，一回到正常人世界就縮回去，再次變得封閉。那種反差讓我很訝異。如果有個地方很舒服，舒服到你會留戀，那麼回到常人世界，你還會全力拚搏，努力融入嗎？

社團的舞蹈課，我跳得很有成就感，但就算我跳得再好，也不可能跟常人一樣。如果我貪戀「你比其他不方便的朋友跳得好」，可能會一直留在那裡。不管做什麼事，去一個更大、競爭更強的領域，才能得到磨練，不是嗎？我終究要在常人的社會生活，要是貪戀溫暖、安慰，還會努力找出自己的生存之道嗎？

意識到這一點後，我慢慢淡出社團。

創社的大哥哥大姊姊，自身也不方便，他們很有愛，想透過自己的經歷，幫助年輕的身障朋友走過來，不要那麼辛苦。我滿懷感謝。

他們在各方面，都推我一把。先是把我推向表演舞台，之後，又把我推向更大的生活舞台。

家居生活

我讀高一時，哥哥已經高中畢業去當兵。他當憲兵，是母親喜歡的兵種，卻待在廚房，照顧大家飲食。

母親對此很有意見，憲兵就應該站出去，待在廚房像什麼話？可能母親對長子期待更高，成長過程，哥哥承受很多母親的壓力。

母親還是跟男友全台到處賣衣服，因此常請外婆來照顧我們。外公是知識份子，外婆沒讀過書，是一位心地善良的傳統婦女。

外婆很疼我，但她做飯我吃不慣，餐桌上常剩下很多飯菜，讓她不開心。另一個讓她不開心的，是電視。她要看楊麗花歌仔戲，我想看卡通。一老一小常起身走向電視，趁廣告轉台，一會歌仔戲一會卡通。

儘管曾爭看電視，後來我們感情變得很好。出社會後，我過年都回去看她，包紅包給她。

外婆九十五歲離世，當時她七個子女，有四位離開。她一輩子都在照顧家人，晚年，受二舅、二舅媽、三舅媽妥善照顧。

人生最後，她長時間臥病在床，有一台電視，可以整天看喜歡的節目。

我很感謝她在我青春年少，父親離世、母親外出時，來陪伴我們。

只要外婆有事無法來，母親就特別交代姊姊照顧我。

當時讀五專的姊姊開始跟姊夫交往，常約會到一半，就回家為我張羅吃的。她大我一歲，卻很成熟，有責任感，沒因為戀愛而忘了家中的弟弟。

至於我，還是一樣難搞。別的不說，當時外出我只願意穿卡其長褲（學校制服）。上半身穿別的可以，褲子我只穿卡其褲。

母親完全無法理解。平常上課穿五天不夠，假日也要穿卡其褲？你媽是買不起別的褲子給你穿嗎？假日也穿卡其褲，是要叫別人笑話你媽媽嗎？

我們經常吵架。學生時代，我的頭髮、穿著，都要符合她的標準，不能讓她看了礙眼。我覺得那是我的權利，不願意讓渡。她個性強悍，卻拿我沒辦法。

所幸，她跟男友在各地賣衣服，一個月只會在家裡待十天。那十天，男友得回去原來的家庭，這時，就能感覺到她情緒低落，看什麼都不滿意。

我看在眼裡，明白當一個人情感無法獨立，就會吃很多苦。

前往大學的路上

高中三年，我不喜歡待在家。每天早早上學，放學後，刻意多留校園自習，或去補習。

每天上學，路上偶爾會和一位南女中的同學交錯而過。她手長腳長，騎起單車，像是江面上撐篙擺渡的船夫。鐵道旁的小路像一條河，我們都要前往大學，卻在江上交錯，往各自的目的地前進。我畏怯膽小沒勇氣攔下她，我們擦身無所交集。但她「撐篙前行」的畫面，卻被定格下來貼在我的青春布告欄。

每次去補習班，上下樓梯，我也常會遇到一位南女中同學，每次她都會問我：「需不需要幫忙？」每回我都說：「謝謝，我可以自己來。」我一直婉謝，她還是每次開口，得多良善才能這樣？我當時正經歷「少年維特的煩惱」，內向又不想麻煩別人，錯過跟一些人成為朋友的機會。

升高三，我暫停對外探索，專心準備大學聯考。我訂定完整讀書計畫，在學校的模擬考成績，一次比一次進步，考上國立大學看起來有機會。

那一年我很努力，卻從頭到尾，都有孤軍奮戰的感覺。許多事得獨自面對：在學校選組，選自然組還是社會組？自然組選乙組還是丙組？弱項科目去哪裡補習？大學要怎麼選填志願……都得自己決定。連休息也獨自一人。高三那年，晚上讀書讀累了，我常一個人騎車去看午夜場電影。看完半夜一點多，我就在台南民生綠園圓環，繞三圈再回家。

那是我的祕密儀式。我想著方才的電影，想著課業，想著要是失常沒考上大學，怎麼辦？

心無旁騖一年，我考上成大電機系。民國七十五年盛夏，家人都非常高興，母親尤其喜悅，栽培出一個孩子上大學，這孩子還不方便……

我本想離開台南，去外地讀書，看看外面的世界，志願選填下來，恰好落在成大電機。

我曾杞人憂天，要是大學沒考上，是不是就去學刻印章、修手錶、賣彩券？做大家覺得身障朋友會做的事？因為幸運跟努力，我走上不一樣的路。

考上大學對我來說，最重要的收穫是，我知道我耐得住寂寞，能為一個目標持續努力。這樣的經歷，不斷發生，每次都把我帶向一個全新領域。

乾姊

環繞我高中三年的主題人物，是我乾姊。

考上高中那年暑假，我參加一個身障青年營隊，五天四夜。市政府辦的，為了擴大身障青少年的生活圈，有機會認識不同朋友，一起團體生活。

當時，她是我們小組輔導員，照顧我們參與營隊各項活動。她大我半年，讀師專三年級，主修音樂，看上去慧黠、優秀、良善、美麗。

那五天，小組玩得非常開心。結束後，我跟另外兩位組員，認她當乾姊。可能年齡相近，又都喜歡音樂、閱讀，我們非常有話聊。

她住學校宿舍，常來我家，我也常去學校找她。她學校離我家，騎車不用五分鐘，我們卻在兩年內，給彼此寫了一百五十幾封信。

當時沒有 email，是紙本書信往來。我收到信讀了幾遍，認真回信，把信紙摺好放入信封，貼上郵票投進郵筒。一、兩天後她收到，看信、寫回信，放進信封貼上郵票，再投入郵筒寄出，一、兩天後我收到。一來一往相隔三、四天。

三、四天，有很多可以揣想、醞釀。

她看到信會有什麼反應？信中故意搞笑的橋段，她會笑嗎？會第一時間回信嗎？會寫什麼呢？

我跟她與其說是乾姊弟，不如說，像是經常見面的筆友。

在原生家庭，她一直覺得不受寵愛，跟家人不親，還曾經在床底下藏過一瓶農藥，想說哪天不開心就整瓶乾了它……現在，至少有一個可以講心事，也聽得懂的乾弟。

我常騎車載她，穿梭台南大街小巷。對她來說我就是個弟弟，親近、好聊、可以當玩伴。但我並沒打算只把她當姊姊。我年紀尚輕，先按兵不動，考上大學再說。

不過，等到她開始交往男朋友，一切變得很困難。

她找我，我很開心，但她跟我說起男朋友的事，我很心碎。要是感情進展順利，她是不是一畢業就要嫁人？等我考上大學，會不會來不及？

我一方面要傾聽，一方面要安慰，一方面要撿起碎一地的心。我應該表露嗎？說了還能維持原來的關係嗎？我們還會往來嗎？

我像個忠實的樹洞，聽了她所有傾訴，但我不是植物人。

四十歲男子的微笑

升高三那年，我知道這樣下去會考不上大學，就暫停與她聯繫。但思念像一群火蟻，每晚咬我。有一個晚上，我找不到出口，覺得快被浪潮吞噬，就拚命寫日記。一直寫，寫到第七頁，突然寫出四十歲的自己，開著車在高速公路上，回望十七歲瀕臨崩潰，拚命寫日記的我。四十歲男子安靜開車，鏡頭特寫到他，臉上只有一抹微笑……淡淡、成熟而理解的。

我瞬間明白，那抹微笑要告訴我什麼。他信任我會安然度過，四十歲時想起，臉上會浮現理解、寬容的微笑。

就是一段少年維特的煩惱，青春期會發生的，免不了波瀾起伏、驚心動魄，以為末日來臨……每個人都會遇上，終究，也每個人都會沒事。

少年維特的煩惱，我豁免不了；少年維特的痊癒，我一樣豁免不了。

我瞬間平靜了。我不知道，四十歲的自己如何穿越時空，去提醒十七歲的我。也許不同時間點的自己，同時存在，需要時，他們就會出發前往救援。

我沉浸在那個未來視角好一陣子，那份慰藉平靜無波，開闊得像日出剛甦醒的日月潭。

之後我常想起那個四十歲的自己，如果能在四十歲，擁有相同規格的微笑，就太好了。我想為那個微笑，努力前進。

我把這段經歷寫進第一本書，那年我三十五歲。幾年後我成為講師，有一回到墾丁上完課開車回台北，在關廟休息站洗手台洗手，一抬頭，我看見了……

我看見那個微笑，一模一樣，那個四十歲中年男子的微笑。

我被電到了，是嗎？無意間，我已經成為高三那年，日記裡出現的那位四十歲男子嗎？這是怎麼發生的呢？我緩步走回車上，滿心激動。

洗手台鏡面，那個四十來歲中年男子的微笑，如同一枚勳章——老天終於頒發給我了。

乾弟

後來，我考上成大電機系，乾姊分發到台東教書，見面不易。二十二歲那年，她在家人安排下，結婚了。

她經歷兩段婚姻，有兩個小孩，很長一段時間，一個人照顧孩子，獨自面對生活的一切。四十歲那年，她被診斷出乳癌二期，經歷非常辛苦的治療。

她人生高高低低，我多有陪伴。她開完刀開始化療，有一次我去看她，請她跟孩子們吃飯。那天回來為了安慰她，我寫了一個故事寄給她。

故事講她化療，半夜睡不著，一個人出門散步，在一個公車站坐下。她感覺自己十七歲之後，心智就停止成長。望著公車站牌，想著有沒有公車前往六十歲，或是前往十七歲？如果有，她好想前往。

六十歲的她，會是一位快樂的歐巴桑呢，還是一位仍然滿腦疑惑的老太太？

她也想回到十七歲，來到十七歲自己的床邊，為她輕唱一首歌，就像睡前為女兒唱歌一樣：我的寶貝寶貝，給你一點甜甜，讓你今夜都好眠……

公車沒來。回到家，她很快入睡，朦朧間，她聽見一個年輕的女生，來到她身邊，在她耳畔輕唱：女孩為什麼哭泣，難道心中藏著不如意……她不自覺流下眼淚。是十七歲的她，坐公車回來探望她了。

……

到後來，我真的像個弟弟了。

熟悉、可信、遇事可以商量。寫到這一段我傳Line問候她，又把當年寫的那篇故事，傳給她。

二〇二一年末，離她六十歲還有幾年，我感覺她越來越開心，接近一位快樂的「歐巴桑」。

第2部

奠基

11 成大電機四年

開一扇窗，讓他們看見風景。要是風景動人，也許，他們會興起前去的渴望。

多樣的同學

考上大學那年暑假，我開始兼家教。國立大學學費不高，我身障身分有減免，住家裡又省掉宿舍費用，大一學雜費僅一千多元。

即便這樣，我仍想自己賺學費，不要增加母親負擔。

上大學前，過往同學都是台南人，大學同學則來自全台各處，甚至有僑生。大家生活背景不同，就有新衝擊。相較南部同學樸實、敦厚、界線模糊，北部同學更精準、俐落、界線清晰。

當年電機系幾乎都是男生，一年級三個班共一百五十多位學生，女同學，五個手指頭數得出來。我看榜單，發現班上有位同學叫「陳百柔」，至少有班花。

新生報到，才發現是男生（人非常和善，相處起來很愉快）。外地同學多住宿舍，一間宿舍四人，我常去百柔他們寢室，跟四位同學都變成好朋友。

大二，一位外系女同學何季蓉轉進班上，成為班花。情人節一到，我們都會送她巧克力（班上理工男，個個是暖男）。

大一專業科目不多，以共同科目為主，國文、英文、物理、化學……基本上是高中延續。

一年級下學期端午節，班上同學參加台南市龍舟比賽，我出不了力，只能在岸上當啦啦隊。我們贏得初賽進入複賽，為了鼓勵同學，我在化學課堂上，在教室背後黑板，用粉筆大字寫下：

神哉一乙，汨羅飆舟，河伯震怖，屈原驚醒。

當時教授覺得礙眼，要求擦掉。那一擦，把我對他的開放，也一併擦去。日後我當講師，課堂上同學不管提什麼點子，我都加分。比起一個人再也不提點子，一個你不喜歡的點子，不是個事。

同學們都很有才華，我們同年級有五人，當過學校藝文社團的社長。管樂社、吉他社、國樂社、電影社、口琴社。

吉他社社長陳中契辦校園民歌比賽，我跟管樂社長陳迪智、國樂社長張世熙，與另兩位同學呂鳳木、金昌理組團，一起參賽，初賽還拿第二名。

電影社鄭師齊社長辦動畫欣賞，我去參加，第一次認識宮崎駿。初看《魔女宅急便》的激動澎湃，我依然記得。

同學們，現在都在各大企業當高階主管、在大學當教授，幾位同學甚至已經退休。我受他們照顧，又透過他們，看見開闊世界。

社團不設限

我在高中參加口琴社，上大學後繼續。入社第一天，就受外號「小黑」的學姊熱心帶領，我倍覺親切。有高中基礎，我口琴學得很快。

我能同時流暢吹奏兩把口琴（類似鋼琴白鍵與黑鍵），以及小調口琴。也能一把琴，同時吹出旋律與伴奏，像二重奏。我常在光復校區活動中心廣場練琴，吹到忘我，很多小狗會圍過來聽。

等我加入口琴樂團（用不同口琴模擬交響樂團配置），更體驗到團練的樂趣。團練，不光要吹好自己的聲部，要看譜、看指揮，配合其他聲部耳聽八方。

我吹銅角口琴 Alto（中音），吹起行板、慢板，音色動人。團練難免吹錯，我們稱「放炮」。大家熟了，練就厚臉皮功力，每次自己吹錯都先回頭指責別人放炮，非常好玩。

升大二那個暑假，學長們辦巡迴演奏，去南投各鄉鎮演出，我也一起去。我們準備許多古典曲目，到演出現場，發現來了很多歐吉桑、歐巴桑和小朋友。他們對古典曲目無感，但對我們演奏台灣民謠，非常有共鳴。社長立刻請指揮調整曲目，演奏台灣民謠為主，結果現場觀眾聽得無比開心，還打拍子一起唱。

我印象深刻。演出，是要展現優秀讓人無感；還是要創造交流讓人共鳴？如果現場觀眾知道，一把小口琴，就能輕鬆吹出熟悉旋律，口琴，是不是就有更高機會，進入他們生活？

我記住了。後來當講師，到南部演講，我幾乎全程講台語。我分享淺顯的生活案例，讓大家知道想創意很簡單，每個人都可以用創意，來改變生活。

大二時，我和同年級社員開始接幹部，我擔任中級班老師，教學弟妹吹口琴，也在活動組幫忙。大家一起開會、做事、吃冰，感情變很好。

我跟蔡博書、陳顯彰兩位朋友後來變成死黨，像兄弟一般，互相挖苦嘲諷，又彼此關懷支持，超過三十年。

大三那年我選上社長，寫了企劃案，跟學校爭取高額經費，幫樂團添購全新特用口琴。我跟大家一起辦迎新，招收新社員；一起籌備成果發表會，上台獨奏；也在學長協助下，協辦另一次外縣市巡迴表演。

我學著把人集結起來，辦好活動，讓大家在琴藝上精進，在社團找到歸屬感。

遇到有社員或幹部因為課業，想放棄社團，我還要跳出來當張老師。我花在社團的時間，比系上還多，常對外說：「我是口琴系、電機社。」

當時，沒有網路、社交媒體，大家交流的方式，是寫社記。到社團辦公室，第一件事就是翻開厚厚的一本社記，看大家寫了什麼。

我喜歡分享，寫了非常多，包括社務、各種想法、故事、樂評、影評，都寫在社記上。寫到被死黨批評我占用大篇幅社記版面，根本是來撈本的。

大四那年，我每天跑圖書館準備研究所考試。我邊讀邊聽古典音樂，聽出興味，開始讀西方音樂史，了解各樂派的演進與傳承。

我想為學弟妹，辦一場古典音樂欣賞。我是個半調子，但這件事社團一直沒人做，那麼我來試試。

我找了一家音響店，告訴老闆我想幫社團學弟妹辦音樂欣賞。可能老闆被我打動，他竟大方借我一套四十萬的音響。

我跟學校借場地，帶幾十片ＣＤ、整理好的筆記，老闆現場裝好音響後，我就對社團學弟妹開講。我不是行家，但我可以為學弟妹開一扇窗，讓他們看見風景。

要是風景動人，也許，他們會興起前去的渴望。

社團四年，沒有人覺得我不方便。社團畢業旅行，我們去合歡山，上山我走一半，一半坐車，下山我就跟他們從合歡山走下武嶺，將近九公里。後來右手臂奇蹟般，獲得預報天氣的能力。

有一次學妹問我，有沒有報考預官？問完才意識到，我根本不用當兵。

大家不對我設限，我就不對自己設限。我發現我對人，比對晶片、電路板、程式設計……感興趣。

課業與轉向

電機系的專業科目，我學得吃力。有一門電子學，我準備三個禮拜，期中考七十幾分。班上大神同學念一個晚上，考出來近滿分。

我的能力跟熱情，都不及班上那些優秀同學。勉強還是念得來，卻明白這樣下去，頂多是個三流工程師，不會開心。

三年社團探索，我看見新方向，我想嘗試轉考企管研究所。

當年企研所錄取率很低，不到百分之一。我要讀的科目有五科，國文、英文、微積分、經濟學、管理學，每一科都買好多教科書，疊起來快三十本，但我沒有補習，就是勤奮自學。

經濟學最難，我全無基礎，讀不懂就再讀一遍，或是對照讀另一本。八本厚厚經濟學課本，我反覆讀了七、八遍。

我每天早上八點到圖書館（K館），晚上十點離開，外號十四K。

身邊的人看我認真，對我寄與厚望。我扎實準備十個月，鎖定三間國立企研所：台大、政大、中山。結果三次進京趕考，通通落榜。

我錯愕又失落，第一次經歷付出大量心血，卻全無回報的感覺。身邊的人也覺得惋惜，不知道該說什麼安慰我。

一切變得難以面對，不管走到哪裡，所有人事物，彷彿都在提醒我：過去十個月努力，全都白費。

要重考？還是去當工程師？我想再給自己一次機會。但我得離開台南，找一個地方沉澱，找回再出發的動力。

閱讀與寫作

大學四年，我讀很多西方經典文學，也讀大陸早期作家的禁書，例如沈從文、巴金、老舍、郁達夫等。

史哲書我也看，卡爾．巴伯（Karl R. Popper）的《開放社會及其敵人》、湯恩比（Arnold Toynbee）的《歷史研究》、討論中國社會超穩定結構的《興盛與危機》……不是出於興趣或實用，純粹覺得，大學生是知識份子，應該要讀。

大四準備研究所，教科書讀累了，我就讀小說。當時感到最驚豔的作家，是米蘭．昆德拉（Milan Kundera）。第一次讀《生命中不能承受之輕》，閱讀時進退兩難的爆炸感，至今難忘。

我讀書很快，但這本書我經常停下。書中的獨到觀點、深刻洞見、機鋒辭藻、感人情節、巧妙架構、幽微情緒……我都要一再反覆回味，才肯往下。

昆德拉宛如有一把鋒利解剖刀，能切進角色內心最幽微部位，挑出最纖細難見的情緒，放大呈現給讀者。他像個外科醫生，穿梭於不同手術室（躺著不同的角色），一邊手術（說故事），一邊講解（說理）。

我驚訝於，原來小說可以這樣寫。讀他的小說像看８Ｋ電視，繽紛煙花處處，細節無比清晰。

我喜歡他獨特、犀利、具象、精準的文風，也模仿他的視角跟筆法，在校刊、系刊發表作品。那樣的練習，對我日後文案寫作，幫助甚巨。

我嚮往書中的布拉格場景，想著有一天能前去拜訪，走進書裡的場景。後來真的去了，是我生命中一趟非常難忘的旅程。

無論在「想像」或「地理」上，昆德拉，都把我帶到遠方。

12 重考與東海企研所

失敗，也能給你養分。寬容與謙卑，是其中最珍貴的兩種。

台北家教

研究所沒考上，我獨自上台北，在大安區溫州街租了一間頂樓加蓋雅房，打算兼家教準備重考。

我透過家教中心，找到學生。第一位是國中女生，父母離異，父親常跑大陸，沒空盯她功課，請我陪伴。

小女生高冷有型（從穿著看，對時尚有敏感度），不快樂明顯掛在臉上。她對課業跟家教，興趣不高，純粹勉強配合爸爸要求（寧可爸爸多關注她別的）。

我能理解。雖然我是她爸找來的，卻想讓她知道，我跟她同一國，會努力讓她看見知識的美好。但她的心思，明顯在另一方面。

我感覺，她更適合一位懂時尚、會裝扮，能跟她聊天的家教姊姊，開心聊完，再研習功課。

教了快兩個月，後來約定時間去她家，她都不在，爸爸也聯繫不上。我有些焦急，我得靠家教費付房租，就去她學校找她。

教務處廣播請她過來，她看見我，有些意外。

她說她搬到親戚家，以為爸爸有跟我說。我說沒有，方便的話，請爸爸聯繫我。

爸爸後來跟我通上電話，向我道歉表示工作太忙疏於聯繫，並匯了家教費給我。

太忙，疏於和老師聯繫，會不會因此，也疏於照顧女兒？希望小女生後來得到疼愛，或能好好愛自己，臉上有快樂表情。

我第二個家教學生，是住新店的高二生，一位認真、愛看NBA的微胖男。當時麥可．喬登（Michael Jordan）還沒拿過冠軍戒，卻已經是他心中的大明星。

我教他數學，一週兩天，每次兩小時。他媽媽待人極好，中間休息會端飲料、水果、點心給我們吃。

他不是資賦優異的孩子，但很努力，願意學，會思考，會提問，也愛跟我聊天。一開始他在學校的數學成績都不及格，一段時間後，可以考上八十。他很開心，媽媽很安慰，我很有成就感。

他早上七點到校，在學校整天上課、考試，六點回家，吃完飯後，七點上我的家教課，九點下課後，繼續寫作業。好辛苦。

有幾次他太累，聽我解題打起盹來，我請他起身動一動，去洗把臉再繼續。我有些矛盾，一方面很感動他的認真，一方面又覺得，整天這樣高強度學習，太累。

我敬重認真的人，離開台北前，一直當他家教。真心期盼，後來他也像麥可·喬登一樣，開始自己的奪冠之旅。

修士生活

我白天讀書，晚上偶爾家教，吃飯就買自助餐，下雨天出門不便，就簡單煮泡麵。在住處念不下書，我就跑中央圖書館（現在的國家圖書館）自修室。

我讀書效率沒以前好，書本內容好像總提醒我：我們認識，滿熟的，但你第一次就是沒有考上……

我在台北沒什麼朋友，有時一整天，都沒機會開口說話。唯一的娛樂，是一台手提黑白小電視。當時台灣職棒開打不久，我就透過小螢幕看職棒英雄。

隔壁一間大房間，後來搬來一位牙醫系學生，高大、帥氣、外向，有漂亮女友。他房間有冰箱、大電視，偶爾會找我過去看職棒。和他相比，我顯得窘迫。

頂樓加蓋房間，溽暑夜裡，熱到睡不著；入冬，又冷到刺骨。

我右腳血液循環不好，冬天常冷得像冰棒，幾次夜半冷醒無法再睡。白天在屋裡，也常冷到讀不下書，覺得這樣下去不行。

修士般的生活，應該要告一段落。我在農曆年前回台南，準備最後衝刺。

第二年重考，成績也不理想，只有東海備取。我查了各研究所榜單，估計可以備取上，最後幸運如願，收到入學通知。

重考那年，我過得辛苦、孤單、迷茫，宛如身處迷霧森林，前方沒有能見度。卻也因為那樣一年，我變得寬容，能理解很多人「不成功」，不是他們不努力，只是運氣沒站在他們那邊。

成功，能給你榮耀；失敗，能給你養分。寬容與謙卑，是其中最珍貴的兩種。

東海企研所

研究所開學前，我在東海別墅租了一間學生套房。屋主把房子隔成多間套房租給學生，隔音不佳，左右鄰居，雞犬相聞。

我們的教室不在美麗東海校園內，而是在靠近東海牧場旁的台灣大道上，一處獨立院所。

我的同學，有原來讀商學院的，也有像我這樣，理工生轉考。兩類同學，有明顯差異。前者有基礎，吸收課堂知識快；後者上課辛苦，但邏輯思考強。

我很快發現，我對行銷廣告的興趣，高於其他。財會科目，我低空飛過；行銷類，不管行銷學、廣告學、消費者心理學、行銷研究等，我都讀得興味盎然。

研究所跟大學最大的不同，是碩士論文。寫論文，是訓練獨立研究的能力，日後遇到問題，能透過嚴謹的研究方法，找出答案。

碩一下，我們就要找好論文指導老師。當時教我們行銷的李皇照老師，剛從國外回來。他年輕，有熱忱，非常照顧學生。我跟同學林敬宗、何南宏、盧幸繁、陳昭同，一起找老師當指導教授。

我們一起學習，一起做研究，包括怎麼選題目，怎麼參考文獻，怎麼架構問卷，怎麼分析解讀，要用哪些統計軟體……

有一次我們卡關，老師告訴我們：「人生就是一個X，你由下往上走，一開始路很寬，但慢慢會越來越窄，一直到一個點，好像怎麼也過不去。不要擔心，只要突破，路就寬了，而且會越走越寬。」

音樂市場研究

我一直都喜歡音樂，就想，能不能來研究，中學生的音樂購買行為？中學生音樂市場，存在明顯區隔嗎？國中生聽歌、買歌，重視什麼？這些市場區隔，對音樂從業人，有行銷上的參考意義嗎？

我開始查文獻，發現台灣這方面研究很少。當時國語流行樂壇，正迎來黃金爆發期，陳淑樺、張學友專輯賣破百萬張，滾石、飛碟兩大唱片公司唱將輩出，熱鬧無比。

做這樣的研究，應該很有趣。我開始構思研究方法，設計問卷，跟老師討論。

我記得我把研究目的、方法、參考文獻的論文初稿，交給老師，收到他滿江紅的批改，我感動到快哭。

寫文章我沒問題，但寫論文是另一回事，需要更嚴謹的呈現與筆法。我的指導教授李皇照先生，幾乎是一字一句幫我改。

那種強度，等於是拿學生的題目，自己寫一遍。

我照著他指示修改，從中學習如何寫論文。改到這種程度，學生要不會也太難了。我從老師身上學到寫論文的方法，也學到當老師的方法（我後來做直播教學，也這樣幫同學改作業。拿同學的題目親自做一遍，示範給他看，有經驗的人怎麼做）。

我設計好問卷，到當時的懷恩國中（現在的東大附中），找了幾班國中生，請他們幫我填問卷。

問卷分析很有趣，能看出四個明顯族群：「關注創作」、「好聽就行」、「只要偶像」、「舞藝超群」，每個族群在參與活動、買周邊商品、對音樂涉獵程度各方面都有不同，非常有意思。

當時，我只是做一個自認有趣的論文題目，沒想到日後，竟去了滾石唱片工作。

課外學習

上研究所之後，我打定主意，不跟家裡拿錢。學校每個月有獎學金，我又兼家教，也在葛維鈞老師開的企管公司當研究助理。一個月有一萬五千塊，生活無虞。寫論文期間壓力很大，家教跟研究助理工作，也花時間，我還額外給自己找事做，接了企研所所刊總編輯。

我跟同學去拜訪企業，回來之後寫下訪談紀要，分享給所上的老師跟同學。我們拜訪過養樂多總經理、幾家外商廣告公司業務總監，直接向專業人士取經。親炙高人的經驗很珍貴，回來要系統整理分享給大家，又是深度學習。

我同時做很多事，卻是幾位同學中，第一個交出論文，也順利通過論文口試。論文之外，我也把學生時期寫的東西，編輯成一本小冊：《許榮宏的文字小品集》。

後來，只要遇上有意思的人，我就把這本小冊當禮物，送給對方。

花旗徵才

研二下，花旗銀行到東海大學辦儲備幹部（MA）徵才說明會。當時分享嘉賓是賈培源先生，剛接任花旗銀行全球副董事長。

賈先生是東海校友，感念母校栽培，回來跟學弟妹分享奮鬥歷程。

我不是對銀行工作感興趣，是抱著跟大學長學習的心情去聽說明會。結果一聽，覺得這家銀行好酷，跟我認知的銀行不一樣，就想去應試，學習人家怎麼做招募。

我跟同學江志豪一起報考。第一關英文筆試，輕鬆過關。

第二關中文面試，我對答流暢，怕主考官顧慮我身體，還說：「身體只是一件戲袍，好演員，不會讓戲袍影響自己的演出。」也順利過關。

第三關，是三位事業部總經理聯合英文面試，我又過關，而且跟同學江志豪一起錄取。

你可能不知道這多特別。筆試時有上千名國內外名校碩士參加，競逐十六個名額，無數名校一個名額都沒有，東海企研所就錄取兩位！

除了個人素質，我相信，多少跟大學長賈培源先生關照有關。

回想起來，不可思議。如果我第一年就考上研究所，或者第二年考上的不是東海企研所，我就遇不上賈先生，可能就進不了花旗銀行，沒機會經歷後來的人生。

非常奇妙，對吧。

花旗ＭＡ有遠高於一般碩士的薪資，我收到錄取通知，告訴母親，她無比開心。她來參加我的畢業典禮，我讓她穿上碩士服，幫她拍了好多照片，她從頭到尾笑得燦爛。

接下來，我來說她的故事，你會動容的。

13 我的母親

我從一個在地上爬的小孩走到今天，背後推我一把的，經常是她。那是她的「如來神掌」……

被欺負的小女生

一路看下來，不知道，你是否感受到我母親的韌性、強悍？她這樣的性格不是天生，是後天訓練。最早訓練她的老師是外公，後來，是生活。

在她說過為數不多的成長故事中，我印象最深的是這個：她讀小學低年級，有一次在學校被同學欺負，她一路哭著回家，跟外公投訴，滿心期待外公安慰她，替她出頭。

沒有。沒有安慰，沒有找對方家長理論，沒有到學校找老師關切……都沒有，只有斥責。

「你是咧哭啥貨？伊甲你拍，你袂曉拍倒轉去喔？你好跤好手，是生來好看的嗎？拳頭拇袂曉提出來用喔？哭是有啥物路用！後擺別人甲你拍，你閣甲恁爸哭倒轉來，換恁爸甲你拍！」（你是在哭什麼？他打你，你不會打回去喔？你好手好腳，是生來好看的嗎？拳頭不會拿出來用喔？哭有什麼用！下次別人打你，你再哭著回來，換你爸打你！）

好慘，在學校挨打，回家還挨罵，下回被欺負還不准哭回家，哭就等著挨揍。換作是你，心裡嘔不嘔！

媽媽越想越不甘心，隔天不跟天公，而是跟外公借膽，放學後埋伏在女同學回家的路上，躲在一個轉角。

同學一靠近，她冷不防衝出去，大吼大叫，拿著書包就往對方頭上砸，揮拳如雨……突如其來，同學嚇壞了。怎麼回事？昨天還是膽小鬼，今天就起身反抗？

我們沒問後續，不知道那位女同學，有沒有像她前一天一樣，哭著回家。

那之後在學校，沒人敢欺負母親。一開始她覺得自己嬌弱，但圍堵過同學後，她知道拳頭握緊，她一樣也有雷神之鎚。

受委屈，就自己想辦法，不要期待世界為你出頭。

外公教出這樣的長女，一點都不讓人意外。不管透過言教或身教，他都在告訴孩子，不要屈從強權，要起身對抗，就算要付出代價。

外公的教導

民國五十三年，外公被控意圖叛亂顛覆政府，入獄服刑，關了十二年才出獄。

我第一次見到外公，是國小二年級。他剛出獄不久，母親帶我去外公家，那天晚上，他講了好多故事給我聽。

隔天他單獨帶我出門，去的地方是茶店仔。在一棵大樹下，他買了一個青蛙玩具，讓我自己玩，然後就跟阿姨們談笑風生。

他入獄時五十歲，出獄已經六十二歲，卻完全看不出老態。他上知天文，下知地理，辯才無礙，每天一早洗冷水澡，做自己發明的早操。

因為他還想奮鬥，繼續抗爭，為台灣爭取民主。他被關了十二年，但思想沒有被關住。出獄後，他積極參與黨外活動。

民國六十八年冬天，美麗島事件，他也參與現場遊行，還被拍了照片。照片刊在報章上，我們都看見，深知大事不妙。

警方展開大規模逮補滋事群眾，為了避風頭，他躲到台南我家。

警方很快就找上門，按了電鈴，在門口詢問我媽外公的下落，有沒有來台南，不要知情不報……我們都無比緊張，如果外公被捕，他還有幾個十二年？

他爬上我們家二樓後面房間，連接天花板的儲物櫃，躲在摺好的棉被後。我媽應對得宜，神態自若，沒讓警察起疑，要求入門搜查。

我們都鬆了一口氣。

外公怕警察再度上門，就匆忙離開，去投靠朋友。我清晰記得，他當時倉皇的樣子。他到六十五歲還在拚搏，為一個有生之年，都不一定能見到的成果努力。

他的確沒來得及看見。民國七十四年他車禍離世，七十五年民進黨創黨，之後台灣解嚴，報禁解除，國會全面改選，乃至總統民選……

相信，他在天上一定深感安慰。

台灣有今天的民主成果，是很多人付出青春，堆砌起來的，那一路跌宕轉折，現在大家難以想像。外公服刑那些年，母親家族那邊經歷的辛苦，又多麼害怕談論政治，我親身見證。

他關在綠島，家人要看他一趟不容易。支撐薄弱，假釋無望，我寫下「十二年」只是一瞬間，於他卻是實在的分分秒秒。他沒有一刻被擊垮，依然鍛鍊身體，想著出獄後繼續拚……那需要多強的意志。

外公是長子，是家族的大哥大，卻一直最叛逆，到老都活得像春風少年兄。他不活在別人給的框架，也不肯屈服，你關他十二年也沒用。他知道人是自由的，改變要靠爭取，一個人永遠可以為自己想要的生活，奮鬥拚搏。

他可能內疚，服刑期間，沒盡到一個家長的責任，疏於照顧妻小。

他不知道，後來政府通過《戒嚴時期不當叛亂暨匪諜審判案件補償條例》，家人都獲得補償，得到遲來的照顧。

他對自由的熱切嚮往，影響了母親，母親也起身對抗。

她對抗的不是黨國，而是大家族對一個媳婦的約束，以及世俗壓在一個女性身上的傳統包袱。

有主見的某大姊

爸媽是姊弟戀，雖然對外媽媽都說爸爸是頭家，但等我明白事理，就發現母親才是家裡出主意、做決定的人。

母親很有想法，懂得變通，會尋找各種可能性。父親老實、單純、守成，他知道自己娶了能幹的老婆，懂得「聽某喙，大富貴」。

包括最早從大家族裡搬出來，買第一棟房子，之後拆除平房改建透天厝，暫居別處開雜貨店，以及後來送我去振興醫院開刀……都是母親的主意。

台語有句話「生意囡仔歹生」，要生出會做生意的孩子不容易。我媽媽，恰恰是一個生意囡仔。

我們從大家族搬出來後，她的工作是一早推著攤車，大街小巷賣醬菜：要找出最適路線，要跟客人聊天，要決定各種醬菜應該準備多少量……

她賣到中午回來，做飯給我們吃，再去補貨，為隔天生意準備。

傍晚，附近有喜慶宴客，她就去幫總鋪師辦桌端菜，結束後帶大包小包菜尾回來給我們吃。

她把自己跟父親賺的錢存起來，我上幼稚園那年，她就買了房子。

她這麼拚命，一個重要原因是，她不想讓父親那邊的親戚看不起。沒有大家族庇蔭，靠自己努力，一樣能闖出天地。

後來她在離家不遠一處小市場，租了攤位，一早固定在攤位賣醬菜。

小學一、二年級，我中午放學就去攤位找她。我看她熱絡跟客人聊天，多給熟客一些斤兩，買這個送那個……

攤位對面，是家柑仔店，有很多好吃、好玩的，對小孩有無比吸引力。我常跟她要零用錢，去對面玩耍、買零食。

我們住的日式平房，旁邊還有一處倉庫，後來母親讓父親改建，裝修成兩間房間租出去，增加收入。等我們再大一點，她覺得小孩應要有自己房間，打算拆掉平房改建成透天厝。

母親找了父親一位長期合作客戶，我們出地他出錢，蓋兩間透天厝，各自一間。改建期間我們搬了兩次家，第二次，母親乾脆盤下一間雜貨店，樓下當店面，二樓當住家。

那次開店，對我們小孩來說特別酷。

之前我們是雜貨店客戶，現在自己開雜貨店，吃任何零食，都不用付錢，帶零食去學校請同學，也可以超大方（我們很節制，沒吃垮母親），真是幸福。

店面另一端，母親拿來當客廳，擺上沙發、電視，經常吸引許多鄰居來看電視。

熱門影集播放，客廳沙發坐得滿滿，還有人站著看。明明各自家裡都有電視，卻愛跑來我家看，好像一起看更熱鬧、更好玩，像迷你劇場。

廣告期間，想吃零食，零食櫃位就在旁邊，愛吃什麼就拿，超方便。現在各家便利商店，在店裡擺放桌椅，讓客戶休憩增加消費，我媽在民國六〇年代，就這樣做了。前衛的生意囡仔，對吧。

父親跟我們三個小孩，只是偶爾客串顧店、結帳，店務幾乎都她一個人打理。進貨、鋪貨、庫存、金流、帳務、客服……

她早早開店，晚晚打烊，幾乎沒休假，還要照顧家庭，張羅三餐，真的太累。新家改建完成，我們搬入，她也結束雜貨店生意。

小學時期的母親

小時候如果有人問你，世界上最美的女人是誰，你一定會回答：媽媽。我也是。母親在我心中留下的身影，從來不是她參加婚宴喜酒的刻意打扮。最早，是她清晨推著攤車出門賣醬菜的樣子。

然後，是在我們買的平房，她端一盆溫水放在椅凳上，在院子裡彎腰洗頭，我看著清水沿著她長長髮絲滴落⋯⋯

再來是我讀幼稚園時，她在院子，教我看錶讀時間的耐心。

後來是她在醬菜攤位前，在雜貨店裡，招呼客戶的熱切。

再之後，是我在振興醫院，她上台北工作順便照顧我，燉一鍋湯來探視躺在病床的我⋯⋯

我記得的，都是她認真的模樣。「認真的女人最美麗」，是母親的寫照。

她很認真，也懂得生活樂趣。我們還小，她會在我們睡著後，跟父親出門約會。等我們上小學，她偶爾在週六晚，張羅我們吃完晚餐，跟父親出門看電影。

有一次我吵著要跟，她很生氣。本來是夫妻倆週六約會，拗不過我吵鬧，只好帶上我，卻一路碎唸不停。我被她唸得煩了，也鬧起脾氣。結果才走到巷子口，她就怒氣折返：「不要看了，大家都不要看了！」

回到家，我自然挨一頓揍。

她打小孩，都連坐算總帳。本來處罰一個，但另外兩個之前犯錯沒處罰，就順便一起。

那晚，我們三個小孩排排跪好，被她打得一把鼻涕一把眼淚，哭著說以後不敢，她原本氣頭上，看我們如此，臉上突然閃過一抹笑：算了，別跟小孩計較。

除了跟父親約會，其他場合她總帶著我。特別是跟父親吵架回娘家，一定帶上我。也許她比父親更能照顧好我，或者照顧我辛苦，不要丟給父親，他做粗活已經夠累。

有一回她跟鄰居一起出門玩，也帶我去。景區有個登山步道，說短不短，山頂風景秀麗。她不是陪我在山下休息等大家，而是背我上山。

當時我讀小學，穿及腰鐵鞋，別說不好背，體重加鐵鞋，怎麼說也是沉的。她背我上山，我趴在她背上輕鬆寫意，她爬到山頂氣喘吁吁。

同行的大人都問，為什麼要那麼累？

很單純，人家能看得見的，她要我也看見。

她用行動告訴我，孩子，不要拿身體當藉口。包括後來在振興醫院，我手術後她推病床帶我去活動中心看電影，也是一樣：別人可以，你也可以。

小時候我膽小、畏怯，親戚來家裡，我常躲在房間，不見人。

當時我們家附近，住好幾位流氓。我親眼見過，他們拿武士刀在街頭互砍，有一位流氓頭子赤著上身，滿身是傷，血滴不止……

那種十八歲前，你無法在電影院看到的情節，我八歲就在自家附近，看見了。我害怕出門。我怕出門時，遇到他們械鬥拿刀互砍；我怕他們互砍時，我閃得不夠快，會不小心被砍到……

小時候，我有無數這種可笑的憂慮。我媽看在眼裡，想方設法，要把我推出去。

母親的教導

比起哥哥姊姊，母親對我的情感，可能更複雜一些。除了母子親情，可能多了點愧疚（當年發燒，為什麼沒有早一點送醫院），又多一點期待（長大要自立，不要靠別人）。

我的小兒麻痺，對她來說也像一種強權壓迫。她不屈服，也不讓我屈服，總想著改變。

我對她的情感，也很複雜。她對我的愛跟善待，我完全懂，也無比感謝。只是她能量飽滿，情緒強烈，生氣時說的話，鋒利得像菜刀工廠剛出廠的剁骨刀。

我小時候頑固難搞，常惹她生氣，她暴怒起來難免會說氣話。內容大致都是：「如果我不是生了你這樣一個孩子，今天也不用這麼辛苦……」

氣消後，她知道不該那樣說，會煮好吃的菜，買小東西彌補我。

我現在當然明白，那是氣話。但當時我年紀太小無法分辨，常會覺得，自己是爸媽的負擔。我不想成為誰的負擔。

後來她跟父親吵架回娘家，我不想跟；在台北振興醫院開刀，我不希望她來陪，都是這個原因。

出社會，我做什麼事都盡量自己來，婉謝別人幫助。我可以一個人拎兩大袋超市採買的日用品，爬上住家四樓。

我可以一個人去游泳，不用找伴。我可以一個人在大陸十幾個城市出差上課，不需隨行助教。我可以一個人出國自助旅行，去北極圈拜訪聖誕老公公……

我身邊天使很多，但我節約使用，變得無比獨立。

直到有一回，我跟李欣頻老師吃飯，說起這事，她突然問我：「如果對方是天使，他需要你節約嗎？你連天使也在節約，代表什麼？」

代表，我害怕成為別人的負擔。我愕然發現，小時候我無意間貼上的「負擔」標籤，影響我這麼深。

母親只有小學畢業，成長過程沒機會念書，沒有人告訴她怎麼教小孩，特別是一個不方便的孩子。她努力求生存，照顧家人，但她有情緒，有七情六慾。她說了一些氣話，但不是有意。

我上大學後，有一次跟她大吵，翻舊帳時把小時候她說的氣話講出來，她愣住。沒想到，自以為會隨風而逝的氣話，變成一個烙印，印在我心裡那麼久。

要是知道會如此，她可能會希望能控制住情緒，別說那些話吧。即便這樣，她還是教出一個還可以的孩子。我能成為今天這樣，她給的一切，都是教導。

她的愛是教導，她的嚴苛是教導，她在我青少年缺席、小時候說那些氣話，通通是教導。那些教導的總和，形塑今天的我，每一種成分，都不可或缺。

有時候，教導不一定會以我們喜歡的方式出現。如果能穿越好惡，從那些不喜歡的事提取養分，世間發生的一切，都能成為教導。

要是可以選擇，多數女性都想當一位輕鬆的媽媽吧。

她選了高難度項目。她資源那麼貧瘠，要教養我這樣的小孩不容易。在母親這個身分，她多麼像極限運動員。

母親的對象

父親過世不久，母親就有一個對象，一位有婦之夫，做衣服批發販售。之後，母親跟他全台各處賣衣服，把家裡客廳跟四樓房間變成倉庫，堆滿衣服。

不管在心理跟空間上，我們都未經徵詢，人跟衣服，就侵門踏戶進來了。

我可以理解她需要支柱，我不理解的是，她為什麼要成為一個第三者？為什麼要為了自己的依靠，傷害另一個家庭？

成為第三者，第三者標配的命運，就是註定好的。

註定只能擁有對方的一部分，註定要討價還價，註定期望落空，註定要面對他人異樣眼光、承擔對方家庭的罵名……這些她都不管，先顧自己，活下來再說。

那個男人有家庭，得回家。他一回家，母親就失魂落魄。

男人在，母親心情好，我們每餐都吃得像喜宴；男人不在，我們只能吃菜尾，像辦桌餘下的殘羹剩菜。所以，該感謝他嗎？

不。我就是維持表面客氣，宛如他是家裡租客，一個月來住幾天。我對這些非常不滿，卻無法激烈抗爭，只是消極不理會她偶爾的關心。

特別是每回，她跟男人出遠門賣衣服。那些行前關心叮嚀，明顯帶著虧欠。但即便虧欠，她還是要出門。我希望能透過我的漠然，讓她知道，她這樣當母親很失職。我不是多想贏得她的關注，只是，不管做什麼都輸給那個人，讓我失落。我們不是她的重心，她得尋求支柱無暇去想，這樣做對孩子有什麼影響。

過了三年，母親看清對方，幾次激烈爭吵後分開。堆滿衣服的客廳，跟四樓的房間，都清空出來。

沒多久她又交往新對象，一樣是有婦之夫。至少她可以待在家，不用經常出門，全台到處跑。

餐廳的生意

可能是想告別過去，重新開始，母親在當時台南縣市交界的永康，看中一棟透天店面，準備買下來開餐廳。

母親的能耐，超乎想像。父親過世留下不少負債，但幾年後，她還清債務，還存夠錢買另一棟房子。

母親廚藝不錯，決定在新家開簡餐店，把舊家租出去。於是繼小時候的雜貨店，我升大二那年，我們家再次開店。

餐廳取名為「田豆豆」，賣排骨飯、雞腿飯、控肉飯、魚排飯。除了吃的，也賣紅茶、奶茶。她很快買了廚房需要的設備，炸油台、冷凍櫃、抽油煙機、瓦斯鍋爐、前台的茶桶、手搖杯……

會做菜跟開餐廳，是兩回事。開店賣吃的，是真槍實彈考驗，我們都不知道生意會如何。結果開店第一天中午，客人就滿到廚房忙不過來。當時附近很多工地，工人中午要吃飯，嚐鮮跑來我家。一份簡餐，加一杯飲料，好吃又實惠。

不是我誇母親，因為在家，我們也跟客人吃一樣的餐食。雞腿飯、排骨飯、控肉飯，吃起來真的有幸福感。大學同學為了支持，一群人來我家吃飯，也都讚賞母親的廚藝。

那時哥哥還在外面上班，就母親跟姊姊兩人，加上我沒課時偶爾客串前台，幫忙手搖紅茶、綠茶，收錢、找錢，撐起一家簡餐店。

如果我們家前台也算手搖飲料店，我算在媽媽店裡，當過工讀生。每到中午真像打仗，腦袋跟手腳都要高速快轉，才能滿足川流不息的客人。

光賣餐生意就很好，但母親有生意頭腦，她在店裡擺了幾台遊戲機（俄羅斯方塊），跟「麻仔台」（早期吃角子老虎）。

客人吃飽會打一下電動，或換一、兩百塊銅板，碰碰手氣玩一把。贏了錢想多贏，輸了錢想撈本，本想玩一下就走，結果一坐就一下午。

期間口渴、嘴饞，不免額外點飲料、厚片吐司……母親很懂生意經，客人輸多了，飲料茶點，都她招待。客人輸多想回本，時間已晚，母親也不請他們走。多數客人都講道理，會顧及店家休息，多半晚餐過後會離開，但也有沉迷的客戶。印象中有一、兩次，客人玩到半夜兩、三點，她也陪對方。隔天一早，又繼續開門賣早餐。

她苦過，知道賺錢機會不是天天有，機會來了要把握，再苦也要咬牙撐過去。開餐廳那幾年，是我們家最寬裕的時期。我國二騎的 50CC 三輪機車，換成 100CC 機車。家裡也買了一輛汽車，讓哥哥開。母親也風風光光，幫姊姊辦了婚禮。

她真的勞累過度。我大三下，她被診斷出乳癌二期，得動手術切除癌細胞。我們都緊張，但手術完當天，她就下床走動，術後恢復狀況良好。她閒不住，休養沒多久，又忙起餐廳生意。

回想起來，母親那麼努力，背後驅動力，既是責任感，也是不服輸、不安全感。

她有什麼愛好嗎？我想不起來。她後來有出國遊山玩水嗎？也沒有。她努力創造許多成果，自己卻沒怎麼享受到。

我頭一次看到她露出無比開心跟寬慰的神情，是在姊姊的婚禮。先生早早過世，她把女兒教養得極好，要嫁給一個殷實有為的青年。

小兒麻痺的兒子，也大學畢業，正在讀企管研究所。那時我陪她到各桌敬酒，親友知道我讀研究所，不禁誇讚。我都趁機補一句：「是我媽會栽培。」

她燦笑的樣子，我到現在都還記得。

從對抗到陪伴

外公對自由的嚮往傳給母親，母親傳給了我。為了追求自由，母親對抗大家族，對抗世俗對女性的傳統約束。我對抗的，是世俗對身障者的傳統觀點，以及母親。

外公跟母親，都把自由擴張成族長式。他們可以隨心所欲追求自由，家人卻必須配合他們，甚至放棄自由。我國中時感受特別強。可能是來到青春期，可能是父親過世，可能她開始交往對象……要事事聽她的，我沒辦法。

包括穿著、髮型、作息，她都有意見。即便我上大學，她還要管。

大四上學期，有一回我頭髮長了，她要我去剪，我不願意，跟她吵起來。我覺得頭髮是我的，剪不剪是我的自由。她覺得我頭髮太長，她看得很礙眼，我不剪就搬出去，不要讓她看到。

搬出去就搬出去！我賭氣，真的出去外面租房子。後來她心軟，我負擔不了後續房租，才結束在外租屋的鬧劇。

相較哥哥姊姊大多都會聽她的，我叛逆又不聽話。每回她生氣，最常碎唸我，以後一定不孝，賺了錢不會拿回家給她……

感覺她對我，不懷期待，非常死心。

我跟她變得親近，是我在東海讀研究所的時候。

我終於一個人在外生活，得獨自面對一切，對比什麼都得自己來的辛苦，就明白有媽媽、哥哥、姊姊照顧，有多幸福。她要獨自帶大我們三個，又多麼不容易。

她偶爾會一個人來看我，通常是跟男朋友吵架。

我會騎車載她到學校附近吃好吃的，帶她去美麗的東海校園走走，晚上把床讓給她睡，自己睡地鋪，聽她講心事，講她一路走來許多故事……

她似乎感受到，這個叛逆的孩子長大了，能理解她，陪伴她，安慰她。

我研究所畢業，她來參加我的畢業典禮，非常開心。我把碩士服讓她穿上，幫她拍很多照片，宛如她才是碩士，一路栽培我這件事，她可以畢業了。

那時我考上花旗銀行儲備幹部，畢業就要北上受訓。她栽培我讀研究所、考進知名外商銀行，不管對自己，對過世的先生，都能交代。

從小到大，我之於她，一直是兩極化存在。

我叛逆，她受不了；有主見，她又覺得是男子漢。我身體不便，是她的負擔；上進好學，又是她的驕傲。我早年跟她疏遠，她對我不懷期盼；長大能理解陪伴，又讓她寬慰。

等我開始在台北工作，我想讓她明白，她究竟養出怎樣一個孩子。

最初的紅包

一九九三年九月，我進花旗銀行工作，我領到第一份薪水，就想匯錢給母親，她卻要我把錢留著。

她說一個人在台北，要租房子，要吃飯，要生活，做什麼都要錢。台北花費高，她照顧不到我，要我把錢留在身邊，該買就買，不要省。

我沒有亂花錢，把錢存起來。那年農曆新年，同事都想休假，我最資淺，自告奮勇留守，在信用卡客服中心值班，沒回家過年。我給媽媽包了紅包，匯了三萬六給她，希望她六六大順。

除夕夜，房東太太知道我沒回家，請我一起吃年夜飯。我打電話回家跟媽媽拜年，她非常高興收到我的紅包（終於知道，我不是不孝子）。

我說，我在房東太太家吃年夜飯，母親請我把電話拿給房東太太，她想親自道謝。電話中，兩位從未見面的中年婦人熱絡聊起來。

房東太太說我謙和有禮、上進可取，母親趁勢說：「如果不嫌棄，這兒子就給妳當乾兒子。」

我很感謝房東太太照顧，當場就下跪行禮，認房東太太當乾媽。

母親當時癌症復發，身體越來越虛弱。向來頑強的她不知為何，不再有強烈求生意志。我不知道，跟房東太太講電話那一刻，她心裡想什麼？

知道自己不久會離開，先幫我找一個好心的乾媽，日後可以照顧我？

我擔心母親的身體，但是工作忙不能常請假，只能打電話關心她。直到一次我回台南看她，她從床上坐起，跟我交代後事……我知道我得回家陪她。

我一回台北，就決定請調回台南分行，陪她最後一段，不能請調就辭職。公司同意，但我回去前一天，她就走了。

我後來趕回家，看見她的大體躺在大廳，止不住抽搐狂哭。我還有好多紅包沒有包給她，還要賺很多錢帶她出國去玩，還要成家立業給她看……來不及。

那年的紅包，成了我給她最初，也是最後的紅包。

母親的如來神掌

在她人生最後，我常想，她對我還有什麼期盼呢？她希望看到我有對象，有人可以照顧我。我一度動念，想找一位談得來的女生朋友，回去看媽媽，讓她安心。

她走了，我還是決定回台南分行，回到離她近一點的地方。

在家睹物思人，總覺得，她好像還在廚房炸排骨，還在前台搖泡沫紅茶，跟客人寒暄，陪客人玩吃角子老虎……宛如不曾離開。

的確。她過世沒多久，一個上班日早上，我睡超過平常該起床的時間，我清楚感知，她回來了。回來拍我的背，叫我起床……即便到另一個世界，她還是牽掛孩子。

母親一走，我跟哥哥姊姊，都變成高齡孤兒。往下人生，無論做什麼都得自己決定，沒有父母可以商量。

她離開，我一度消沉，不知道做一份眾人稱羨的工作，無法陪她最後一段，意義是什麼？

一年適用期滿，我升任副理，調回台北行銷部門。我很快發現，銀行的行銷工作跟我想像不同。行業特殊，加上外商，有很多規定跟限制，不適合想法奔放的我。

我開始動念，想去做自己熱愛的事。我熱愛廣告跟音樂，讀研究所時，心中有兩家心儀的公司，奧美廣告與滾石唱片。

恰巧，當時滾石唱片直效行銷部，有個企劃主任的職缺，我投了履歷，又寫了企劃案寄去。面試後，他們願意給我機會，但薪資只有花旗一半多。

去嗎？

母親一生辛勞，離開後，給我們三個孩子留了些資產。

我想，以她的個性，會希望我們有這樣的基礎就安穩度日，做事用七分力就好；還是暫無後顧之憂，就應該放手一博？

答案好明顯。

做決定那一刻，我覺得母親又推了我一把。好像求學階段，她老掛在嘴邊，要我好好念書，不要擔心錢的事。我應該去做熱愛的事，不要顧慮那麼多。

事後看，我的創意、行銷、文案能力，都是在滾石鍛鍊的。

我無法想像，沒有滾石那四年，我能出書當作者，成為企業講師。

她一九九四年離開。隔著這麼長的時間，我像坐在戲院最後一排觀眾，看她一生跌宕起落。

曾經的不滿、憤恨、遺憾，都被時間篩掉了，留下的只有心疼、同情、不捨。

我後來欣賞的女性，看起來都像她：長女、有想法、本領高強、快人快語、急公好義……

她教會我勇敢；教會我照顧弱小、照顧好客戶；教會我做事要做到極致；遇到困難別「靠天」、要動頭腦……

她從小到大都在拚搏，處處受限，活得辛苦，卻活得精采。

我從一個在地上爬的小孩，走到今天，背後推我一把的，經常是她。

那是她的「如來神掌」，她的武林絕學。

這篇，是我對她的紀念，以及感謝。

14 花旗遇高人

如果有一天你到一個地方，發現那個地方沒有人可以學，你不能停止學習，你要從書上學。

我的房東乾媽

一九九三年七月我上台北，開始在花旗銀行，接受儲備幹部MA訓練。多數錄取同事，都是國外回來的碩士，英文溝通無礙。公司為了我們幾位本地碩士，在九月正式培訓前，安排英文老師幫我們補強英文。年輕的美國女教師，很像一位女明星：布魯克．雪德絲（Brooke Shields）。

我先前在大安區溫州街租過房子，這次北上租屋，也鎖定大安區。

我在永康公園的租屋看板前，遇到一位上了年紀的醫生娘。她看上去嚴厲，正要貼租屋廣告，看見我，就問我要不要去她家看看？

我去了，覺得還可以就租了。

房東先生是退休醫生，人很和善，房東太太卻憂心、易怒、規定很多：不能鎖房門，不能煮食，不能用耗能電器，不能接他家電話……

有一回他家電話響很久，我擔心有人急於聯繫，好心接起，結果是她打來，測試我有沒有守規定……回家後，她數落我一頓。

我覺得，我好像住進一個退役女特務家，容易踩線，引爆她的情緒。我不理解，她明明嫁了好先生，過著不錯的生活，孩子也有成就，卻對一切不滿，苛刻要求。

我住了一個月，就搬家了（她不肯退押金），在民生社區新東街，遇上第二位房東太太。

我在三樓跟她租了雅房，房東太太住二樓，待我極好。每天早上幫我做早餐，還幫我洗衣服，時不時就叫我下樓跟他們一起吃飯。是我後來不好意思，請房東太太別忙，我自己來，她才停下。

我上班跟同事說，房東太太對我特別好，同事們第一反應是，她是不是有女兒？是，三位。同事開玩笑說，房東太太缺女婿啦。

後來，我認房東太太當乾媽，成為三位乾妹口中的許大哥。直到現在，每年母親節、過年，我都會去探望她，包紅包給她。她八十歲之後，每年生日我都會辦一桌為她慶生。

信用卡強人主管

花旗銀行有兩大事業體，一是企業金融，一是消費金融，我是消金ＭＡ。我們ＭＡ同學中，大家最熟悉的是管國霖先生。他在花旗服務，直到董事長退休。我出社會後，最好的朋友也是ＭＡ同學，何榮樹先生（Kevin）。我們背景相似，父親都在中學離世，母親辛苦把我們養大，一樣是理工男轉考企管碩士，喜歡閱讀，常有不同想法。

他母親極為善良節儉，都叫我「許仔」，經常叫我去她家吃飯。Kevin很孝順，會跟媽媽鬥嘴，逗她開心。我跟Kevin是工作夥伴，也是玩伴。他有車之後，常開車載我全台到處玩。他結婚後，跟太太Grace都很照顧我，是家人之外，最親近、善待我的人。

ＭＡ是我們第一份工作，花旗高強度訓練，培養出我們的革命情感，多年過去，我們仍不時聚會。

我們第一個月不上班，只上課，之後兩個月輪調不同部門，第四個月下部隊，分發到各個單位。除了外聘講師，各部門主管，也會跟我們分享他們的業務，方便之後分發，能選到適合的單位。

花旗消費金融有三大業務區塊：銀行、信用卡、後勤作業。當時信用卡業務在台灣興起不久，像一片待開發的大西部。我跟 Kevin，MA 好友劉柏宏、劉士賢，一起加入信用卡中心。

我們四位，每人都要輪流一個月，在總經理身邊當小助理。總經理是新加坡人，不是典型銀行家，不來溫良恭儉讓那一套。

他以客服主管為核心，每天拿客戶反映的問題，跟各部門主管開會。會議中，他有一半時間都在 K 人，非常直接。他用這種方式傳達他的高標準，鼓勵競爭。

他頭腦清晰，重視細節（客服同仁的每個電腦操作指令，他都一清二楚），決斷迅速，執行力超強，想做什麼一定發生。

我報到小助理第一天早上，他都沒理我。我如坐針氈，快到中午，我去敲他的門。他問我想幹嘛？

我說，我想學你怎麼想事情，怎麼鍛鍊鋼鐵般的意志。他話匣子打開，說了兩件我印象最深的事。

他說，如果有一天你到一個地方，發現那個地方沒有人可以學，你不能停止學習，你要從書上學。

他無比看重閱讀。我們每天做專案之外，還要讀他指定的書，定期對他報告。然後他鼓勵我去玩一個電玩「模擬城市」，去學習怎麼樣把一個組織建構起來。

他想傳達的核心是：工作場域，不是你唯一能成長的地方。進步的機會到處都在，你要去找出來，持續進步。

我實踐至今。

他讓我看見，一個高效經理人，如何實事求是，高標要求，不斷精進。

扎實做中學

我在信用卡中心，扎實學會兩件事：客戶服務與流程改善。我在客服中心接了三個月電話，第一線面對各式各樣客戶。

有刁難你，要你叫經理來聽的；有在夜店要臨時調高信用額度，面子掛不住，把你當小弟吩咐的；也有問題圓滿解決後，想請你去家裡喝茶的……

三個月下來，客戶會遇上什麼問題，在乎什麼事，我相對有感。我學會怎麼應對，才能安撫他們。有時他們要解決方案，有時他們要同情與理解。處理問題之前，要先處理他們的委屈。

這樣的訓練安排，是總經理特別設計。

他認為，沒有第一線接觸客戶，做什麼專案、推什麼促銷，都是打高空。三個月客服實戰，對我後來走行銷，理解客戶需求、跟客戶溝通，助益極大。

另一項訓練，是改善作業流程。就是重新審視原有作業，提升效率，寫成新的SOP。

先前學長姊就一再警告，這是魔王關卡。他們的流程改善建議，每個人都被退件多次，每次都被老闆海K一頓，我們一定要謹慎。

我分到的作業改善是：客戶在國外遺失卡片，如何二十四小時內補發。

作業的關鍵有三個：一要顧及二十四小時時效；二要避免提供過多待用卡號，防止卡號流出造成弊端；三是代用卡號不足，如何提醒人員即時補充。

我重新設計流程，竟一次過關。這項訓練要求你有全面、多元視角，要考慮執行者便利、客戶需要，以及公司興利、防弊的目標。你要重視細節，照顧每個參與者，獨惠一方或偏廢一方，都不是好的SOP。

我學會SOP寫作，後來到滾石唱片郵購部門，有樣學樣，編了一本超過百頁的客服操作手冊，把老闆嚇一跳。

銀行家的暖心風範

信用卡工作非常忙碌，有一個月，我早上九點接客服電話到下午兩點，兩點到四點休息，四點到六點做專案，然後又接電話到晚上十一點。

我們只有週六下午可以休息，週日要讀書，準備總經理的讀書報告。當時母親乳癌復發，我忙到沒時間回去陪她。我想請調回台南分行。

台南分行屬於銀行部門，因為各部門MA配額固定，轉調回去，意味我要放棄MA身分。當時銀行總經理周瑞青女士，特別允許我保留MA身分回台南分行。

我在台南，很受分行行長劉玫玲女士照顧，她專業認真，卻仍保赤子之心，做事嚴格卻善待大家，我都叫她阿姊，後來到匯豐銀行，出來當講師，依然受她照顧。

工作之餘，我也跟存款部主管Josephine、作業部主管James成為好友，下班後常一起看電影、聊藝文、吃小吃。有一回颱風，台南停電，分行鐵門無法拉上，我還跟 James 整夜留守。兩人深夜幹譙颱風，發明三十幾字的髒話，培養出革命情感。

當時總經理會與分行經理，輪流到各分行開會。她們來台南那次，我負責招待。台南小吃很有名，但他們排滿議程，無暇出門品嚐。

我找了六、七家小吃店，正餐、甜品都有，拜託老闆外送（一九九四年沒有 Uber Eats、Foodpanda）。小吃送到後，我和幾位同事再分別小分量精心裝盤，送進會議室。他們很驚喜，吃得很開心。

MA 試用期滿，我轉回台北總行行銷部門，卻覺得發揮不開。母親離開後，我一直思考工作的意義，我熱愛音樂跟廣告，後來很幸運，應徵上滾石唱片。

我帶著負荊請罪的心情，去跟總經理周瑞青女士道別。她待我那麼好，讓我轉調回台南分行，又讓我回到台北行銷部，最後我卻決定離開。

她可以臭罵我一頓，我完全可以承受，做出這種事，被罵活該。但是她沒有。

她說，我找到喜歡的工作，她很為我高興。一個人能找到喜歡的工作不容易，應該要好好把握。我做對自己好的事情，終究也會對所有人都好，她怎麼會罵我呢？她對我，只有祝福。

我聽完，差點哭出來。

我明明是個忘恩負義的混蛋，她卻依然溫暖待我，怎麼會有這樣的人？那不是風範，什麼是風範？我非常感動，我跟自己說，如果有一天帶人，我要以她為榜樣，努力像她一樣開闊溫暖。

我很謝謝她，後來在滾石企劃出第一套產品，還親自送她一套。我們一直保持聯繫，我當講師後，她也請我幫同仁上課。她還介紹她學電影、非常有才華的兒子給我認識，我們一起合拍過微電影。

人生第一份工作在花旗，我很幸運。我的同儕、長官都非常優秀，他們讓我知道，厲害的人長什麼樣，做事的高標是什麼？日後不管到哪，我都用這份標準要求自己。

那是花旗銀行，給我最珍貴的饋贈。

15 滾石磨一劍

你給了我們這麼多美好，但願，相應的美好，我們也曾給過你。

活化祖產的部門

一九九五年春天，我加入滾石唱片。公司在光復南路，國父紀念館對面巷子一棟大樓。辦公室像蜂巢，每個部門在不同樓層、不同房間。

從花旗到滾石，是很大的轉換。

在花旗，需要理性左腦；在滾石，更需要感性右腦。

我剛進滾石並不適應。在花旗開會講效率，沒空哈啦。在滾石，大家開會前先聊天，感覺對了才進入正題（為此我開始接觸星座，以便能跟大家聊上天）。

所幸，直效行銷部相對獨特。

其獨特在於，你不光要有打動人心的感性企劃力，也要有理性分析的數字力。

部門工作，是重新包裝既有音樂資產，做成套裝產品，透過ＤＭ、報紙廣告，銷售給客戶，是一份「活化祖產」的工作。

需要理性計算，因為每次寄ＤＭ、登廣告，都要精準算出，要回收幾份訂單，才能打平。

感性右腦，用在產品企劃與文案。特別是文案，寫出來，不僅是見眾生、見天地，還是見生死。

文案不能打動人，唱片就賣不掉；唱片賣不掉，就收拾行李回家吃自己。

當時部門的明星產品，是迪士尼雙語有聲書。就是把迪士尼經典卡通，做成雙語有聲書，讓孩子邊聽邊讀。靠這套產品，我們累積一萬名會員。

照顧完兒童，接下來要為父母客戶，開發一款音樂產品，讓他們續購。這套產品不只要照顧老客戶，也肩負開發新客戶的重責大任。那是我的新任務。

阿咪的媒人

我的主管是王秀蘭小姐，大家叫她阿咪，台大法律系畢業，曾在外商廣告公司任職，理性、感性兼具。她能在這一刻，寫出邏輯嚴謹的產品策略單，下一刻，又表情生動、手勢豐沛，說著人生往事。

有一回開會，她岔題聊起過往情事，說著說著掉下眼淚。我這個人心軟，見不得女生哭，女生的眼淚，總喚起我的責任感。眼淚越多，責任越大。

我覺得，我有必要為她的幸福做點事。我想幫她介紹男朋友，我想起花旗台南分行兄弟James。他倆都愛聽音樂、愛看電影、愛寫東西，感覺很般配。

我打電話給James，告訴他我身邊這位姑娘非常有意思，你扛一桶瓦斯點燈籠，逛到明年元宵，都找不到。有空打個電話，跟人家聊聊，大家交個朋友。

結果兩個禮拜過去，他都沒打。

這不是陷我於不義嗎？不是顯得我辦事不力嗎？這點小事都幹不好，我以後在滾石，還敢肖想有大事可以幹嗎？

我又打電話催他。我說，兄弟你不為自己的幸福著想，也要為我的前途著想。你電話不打，我在滾石還有未來嗎？做人家兄弟是這樣當的嗎？「義氣」兩個字，你還知道怎麼寫嗎？

南部人還是講江湖道義的，為了兄弟，他打了。

一男一女，一南一北，他們第一通電話，就講了一個半小時。

一週後，阿咪去高雄看他，當晚 James 就牽起她的手（他左手一小步，我紅包一大步）。第二次見面，阿咪回來告訴我，他們已經是男女朋友了。

這未免太快了吧，雖然兩個人都「上了年紀」，也不用這麼著急⋯⋯

一切來得太快，阿咪常懷疑，這是不是真的？她常常上班不上班，就來跟我講些五四三，影響我「工作效率」。

我經常「曉以大義」對她「精神訓話」，板起臉告訴她：「姊姊，咱們拿人家薪水，班還是要認真上，從此之後我只要聽『一二三』，請不要再跟我講『五四三』。」

半年後，他們結婚，後來生了一個可愛的兒子。我生平第一次當媒人，而且包生兒子。婚後阿咪決定搬到高雄，專職家庭主婦。

部門主管懸缺，家裡沒大人，老闆竟對我說：「不然，你來試試。」

我來試試？

我出社會兩年，進滾石半年多，懂的還少，自己幾斤兩重都不清楚，我來試試？部門好幾位女生待得比我久，要我帶她們做郵購，會不會太冒險？試嗎？

雖然責任重大，卻是磨練機會，我試了。

當時「江湖」還傳說，我為了當主管，什麼事都做得出來……真是跳進「白河」，也洗不清。

初試啼聲

我負責的第一個產品，是「校園民歌」。

當時公司花兩千萬，買下新格校園民歌版權，母帶一直放倉庫，未做任何規劃。

我的任務是把那些校園民歌，重新包裝，透過郵購銷售。

一九九五年，校園民歌誕生二十週年，陶曉清女士準備籌辦「民歌20演唱會」，那是絕無僅有的好時機。

對我而言，這案子無比重要。我剛接主管，能不能證明自己能耐，讓老闆放心，讓部屬服氣，讓客戶滿意，在此一舉。

企劃初始，我照阿咪教我的，寫滿整整六頁產品策略單。我拿這份策略單，跟美術設計 Wudi 溝通時，他說沒見過企劃這樣搞。

我聽歌、選歌、準備重新製作母帶；又洽談版權詞曲，跟作者簽約預付版稅；還請陶曉清女士公子馬世芳先生以及他的朋友，幫我們編一本書《永遠的未央歌》，把歌以及歌的歷史，完整呈現給消費者。

產品製作嚴謹，定價是破壞性價格一千九百八十元（當時，沒有任何郵購音樂產品低於三千元）。接下來最重要的，是怎麼跟消費者溝通。

我設定的目標對象，是我主管，台灣滾石唱片總經理林晴朗先生。他在企業擔任高管，文藝青年出身，大學時期，參加過很多救國團活動，彈得一手好吉他。

當年的吉他，是他的 B 52轟炸機，他琴弦輕撥，開嗓放歌，就是向莘莘學子投擲民歌炸彈，足以點燃所有年輕的心。

四十歲的他，依然熱愛民歌，那些歌陪他走過青春，是他年少的背景音樂。對他來說，一百首民歌不僅是歌，還是一張機票，帶他重回年少。

我找了廣告公司資深文案撰寫 DM 廣告，但交來的成品，沒有打動我。我主動跟老闆請纓，能不能讓我試試？

在這之前，我完全沒有文案經驗，但文藝青年加上對歌曲感情深厚，我寫了一系列文案：

「如果青春是一部電影，民歌，就是最美的配樂。」

「當你遺忘自己十七歲的樣子，民歌，記得你年輕過。」

在一張DM，一個寫滿名字的舊書包旁，文案是：

「寫在書包上的，是一起荒唐過的名字。民歌，記得你年輕過。」

另一份DM，一本攤開的國中男生日記，上面寫著他在校園巧遇心儀女生，文案：

「每一本日記，都藏著一個被暗戀的名字。民歌，記得你年輕過。」

我產品還沒有做好，兩場「民歌20年演唱會」就要登場。我大膽做了傳單，在國父紀念館的演唱會外發送，傳單標題：「錯過滾石金韻民歌百大精選，您只好祈禱二十年後還有今夜」。

兩千張傳單發出，收到八百多張訂單。我意識到，這套產品可能會中。

領導體悟

果然，產品製作出來，客戶用搶的。訂單如雪片飛來，製作根本來不及，客戶經常要等上三、四個禮拜，才能收到（蘋果手機熱賣供貨不及的概念）。

當時，為了讓其他部門同事也幫忙推廣，我推出「賣五套送一套」活動。同事推薦五人購買，我們出貨，他免費獲得一套。結果，同事幫我們賣出一千多套。

部門團隊忙生產、忙接單、忙出貨、忙客戶詢問與抱怨，焦頭爛額。但，那是好問題。當時我剛接主管，同事也在看：這個空降來的，到底行不行？

我想親近她們，卻無法融入。中午吃飯，我不在場，她們熱鬧得像菜市場；我一坐進去，「最怕空氣突然安靜」，現場瞬間靜肅得像殯儀館。

我不能打擾人家午餐。有一陣子，我常一個人買了便當，騎車到公司附近的小公園，獨自在樹蔭下吃便當。

我像外星人，想融入地球同事，卻不得其門而入。我很努力，卻很孤單，沒有朋友，又不知道新產品能不能成功。

等產品大賣，我幫同事爭取到可觀的業績獎金，大家口袋麥克麥克後，她們的態度轉變了。中午吃飯，會有同事問我，要不要幫我買便當？

那一刻我終於明白，什麼是領導。

領導，不是老闆宣布你升官，領導就會發生。你努力跟大家打成一片，扮演康樂股長、公關公主也沒用。有用的是，趕快創造你的「諾曼第登陸」。

你要不就有能力，要不就有格調。人們對你服氣，是因為你能帶大家登陸諾曼第，殺出血路，不是因為你年紀大，幹得比較久，是老闆派來的。

登陸諾曼第不容易，過程死去活來，你可能很孤獨，沒有奧援，甚至連「撤退」也無法成為選項。

越是艱辛，成功登陸，價值就越大。你的諾曼第登陸，會像一條冠軍腰帶，標示你的能耐。

殺進山海關，以後這種關，對你來說都是機場海關。除了實質回報，最大的收穫是，下一回任務沒有比這個難，嚇不了你。

當時大老闆段鍾潭先生說，這套民歌產品，能賣五千套算厲害。

結果一年多我們就賣了五萬套。老闆為了獎勵我，招待我去巴黎旅行，那是我人生第一次出國。

我在巴黎羅浮宮，隔著人群看著〈蒙娜麗莎的微笑〉，明白了故事的威力。會說故事，你就能把產品賣到四面八方。

會說故事，故事就能把你送到，你嚮往過的美麗遠方。

趁勝追擊

民歌熱賣，公司希望我們趁勝追擊，推第二套產品。

第一套精銳盡出，我一度煩惱，不知道第二套怎麼挑歌？老闆提醒我，為什麼要自己挑？為什麼不讓客戶挑？

賓果！我選了一百五十首歌做成問卷，寄給購買第一套的五萬名客戶，讓客戶親自挑選。但客戶為什麼要填？我給了三個優惠：

一、票數最高前一百首歌，會變成第二套產品，想聽什麼歌，自己挑。

二、只要回覆問卷，就享有專屬購買優惠。

三、只要回覆問卷，我們就把你的名字，列在產品感謝名單（宮廟把捐款大德刻在牆上的概念）。

第三點最特別，卻最不花成本。源於我第一次拿到企劃的CD，在附冊工作人員名單，看到自己名字激動一個晚上。如果我會激動，客戶看見自己的名字，應該也會激動。

結果五萬份問卷，回收近一萬份，回收率百分之二十。

除了CD，我也做歌本。因為客戶不光愛聽民歌，也愛唱民歌。

我把兩套產品兩百首歌，找專人做成歌本。然後把投票客戶，依縣市別，列在歌本後面的感謝名單。

一萬名投票客戶，後來有四千七百位買了第二套，回應率百分之四十七。

後來，針對個別民歌手，我與同事羅秀瑩小姐，又策劃一系列民歌手個人精選輯：李建復、齊豫、王海玲、王夢麟、施孝榮……

精選集的核心概念是「重逢」，每張CD封面，都有一行文案：

「我知道再一次聽見你的歌，不是一種巧合，早在十七歲那年，我就預約了今天

的重逢。」

這一系列民歌產品，累計創造近兩億營收。對比當年兩千萬的版權成本，是十倍加值。

野蠻成長

從民歌產品開始，我體悟到，做產品企劃，要有一個清晰的大概念，一句話說清楚。客戶是先消費完你的訊息，有感動，才會消費你的產品。

你說不清楚，他就搞不清楚；他搞不清楚，你的生意就一塌糊塗。

每當接手新產品，我都把這個當主要任務，常要花上一個月，把概念釐清。

策劃百大電影配樂，我的大概念是，這些配樂，比電影還要厲害。用一句話說：**「對偉大的配樂而言，電影，只是一部ＭＶ。」**

策劃入門爵士樂，我的大概念是，這些爵士樂能帶你暫時脫離現實常軌，一句話：**「心情，有出軌的自由。」**

給女性朋友聽的古典音樂，大概念是，古典音樂像一種香水，不是香奈兒5號，是蕭邦《鋼琴協奏曲第二號》。一句話：**「聽古典音樂的女人，有一種特別的味**

道。」

既有迪士尼有聲書，我也提出一個概念：**在家打造迪士尼樂園**。透過一套又一套產品企劃，我慢慢累積對產品敏感度，以及文案能力。

我經邊聽音樂邊寫文案，寫到半夜三點。也常在上班途中，摩托車騎著騎著，就在路邊停下，拿出筆記，記下剛想到的想法。

我是上班族，卻覺得更像接受滾石委託，經營一家小郵購公司。

九〇年代唱片圈，滾石無比輝煌。滾石有無數知名歌手，一張專輯銷售近百萬張，是常有的事（在公司，每次搭電梯都像樂透開獎，你永遠不會知道，電梯打開，哪位歌手在裡面）。

滾石的企劃創意超強，行銷操作活潑，除了單一歌手發片，有時也「強強結合」多位歌手共同發片（比如周華健、張國榮的《大費周張》，甚至推出年度最強合輯《新好男人》、《亂世佳人》）。

國語事業部，是公司核心，最花老闆時間。郵購部門迷你，老闆相對授權，我們就有很大空間。

我要做企劃、做產品、寫文案、要完善客服流程（編了一本百頁ＳＯＰ手冊）、要談版權、對外洽談信用卡郵購合作、寫合約……做的事多，學的就多。

我很感謝當時的老闆林晴朗先生、段鍾潭先生，給我那麼多學習機會。記得一次跟兩位老闆開會，我提報明年業績成長百分之三十，段先生說，他要百分之三百……

我當場愣住。後來才明白，他們的深意是，要我用十倍的規格想事情。尋常方法不可能創造十倍，只有獨特的創意才行。十倍思維，才能逼出大創意。

我的行銷、創意、文案，都是在滾石學的。林晴朗先生，是我的行銷老師，他教我非常多。他讓我看見一個行銷人，如何保有專業，同時又可以非常有趣。

講師雛形

我日後成為講師，也從滾石開始。接主管後我深感專業不足，每個禮拜五晚上跑信義誠品，買書、買ＣＤ，也拚命去外面上課。

當時很多廣告公司前輩，都出來開課。我白天上班，晚上去聽課。我一邊學習（學到馬上用），一邊觀察，一個好老師長什麼樣？身為學生，我有什麼反應？

我看老師怎麼設計課程，怎麼帶課，怎麼傳達，怎麼跟大家互動。老師是有料，還是虛有其表？我是收穫滿滿，還是覺得無聊？

多數老師都很棒，但我也遇過不認真的老師。

當時坐在台下，我滿心怒氣。

難道一個人站上台，就有權浪費台下同學的時間跟金錢，還讓同學坐到屁股痛？我發願，要是有一天我站上講台，絕不辜負台下同學。

我在公司做出小成績，老闆要我在年度主管會議，跟海外分公司主管分享我們的做法，看有無機會，把這樣的郵購模式拓展到海外。

老闆給我十五分鐘簡報，我花了三個禮拜準備。海外主管，對音樂企劃很在行，對直效行銷很陌生，我必須淺白簡單，讓他們聽懂。

那次簡報反應很好，很多主管知道我們在做什麼，也知道我能寫文案（後來有機會，幫陳昇大哥寫專輯文案）。我知道，我能把事情說得簡單，讓大家明白。

外界注意到滾石唱片郵購業務興旺，找我們分享經驗，我開始接到邀請，那成了我最早對外「授課」的經歷。

滾石的朋友

滾石初期，我經歷很多孤獨時刻。尤其剛接主管，不確定自己能耐，團隊兵荒馬亂，我不時懷疑，從花旗轉換跑道，到底對不對？

我沒有人可以聊，又不懂求援，內心苦悶。我需要一個不同視角，告訴我怎麼看。我每週五下班跑敦南誠品，在書店待到深夜，讀大量靈性書籍。透過許多開悟智者，去理解生命是怎麼一回事，苦難根源是什麼，要如何成熟看待？我看很多「奧修」的書，書店架上有的，我幾乎都買回家。

那些書給我一個開闊視角，緩解苦悶，意外的是，我從中學到很多文案技巧。講生命，跟講音樂一樣抽象。大師要棒喝你、打動你，文字要精簡、具象、充滿畫面。我要打動客戶，不也一樣？只有具象、真誠的文案，才能打動客戶。我用大師的方法寫文案，果然引發迴響。

民歌大賣，我慢慢交到朋友。我在公司找了幾位企劃夥伴，發起「替你讀讀書會」。我讀書，寫報告給大家看。每隔雙週一，我把寫好的筆記影印多份，一早放在同事桌上。我用這種方式，以文會友，鍛鍊文筆。

阿咪婚後，我們持續聯繫，我去高雄探望他們幾次。每次我都跟James說，我永遠站在公理正義那一邊，但公理正義，永遠站在阿咪那一邊。

多年後一次聚會，阿咪鼓勵我去參加TED，她說我的生命故事特別，可以鼓舞年輕人。我聽進去，也行動了，才有後來「跟沒有借東西」的TED演講。

當時，協助我做美術設計的是Wudi，他熱愛民歌，很高興自己參與這波民歌復興。產品上市熱銷，他請我跟工作室的設計師小蔡吃飯。續攤，他帶我們倆去酒店，有小姐作陪。

我跟小蔡第一次上酒店，像兩個呆頭鵝，現場氛圍奇特，原本要很嗨慶功，空氣卻突然安靜。我們待沒多久，就離開。我跟Wudi說，喝酒別來這種貴森森的地方，兄弟們自個喝更自在。

我去他山上的家住過一次，後來他們舉家移民加拿大，每次回台，我們幾乎都會見面吃飯。我告訴他我要寫自己的故事，他交代，這段一定要寫。

我另一位設計師朋友筱娟，她先生是知名攝影師Raymond，兩人都極有才華。她協助我們設計鋼琴家理查·克萊德門（Richard Clayderman）的產品。當時她剛懷孕，知道是男孩，我們玩起「指腹為婚」。我說，日後我來生個女兒，讓他們從小兩小無猜，日後有緣，就來結親家。

之後，我們就互以親家母、親家公相稱至今。當年的小男孩已經出社會，又高又帥又有料，我卻連女兒的媽媽都沒找到。

當時部門的三位企劃同事，陳慧安、羅秀瑩、曾詠絮，我們也都成為好友。慧安後來成為芳療師，幫助很多人療癒身心。詠絮成為知名日本旅遊作家艾莉西亞，幫助更多人認識日本，細膩創造旅遊驚喜。

我跟秀瑩Winnie緣分最深，後來我到動畫公司，當講師，都找她一起當同事。她熱情、成熟、有想法與強大執行力。三段同事期間，我們一起做音樂、幫動畫行銷、拜訪企業客戶推廣課程，甚至，還共同成為一對好友的媒人。後來她成為知名電影發行公司主管，把很多電影，介紹給大家。

在滾石，我還結識一位小筆友，國三小女生，涼子。

當時陳綺貞剛出道，在一個廣播節目受訪，涼子在奇摩家族說，她有完整受訪錄音帶，想要的人可以開口。我留言附上地址，她真的寄給我。

我覺得小女生言而有信，很酷，開始跟她通信。她問我幾歲，我說八十五歲；從哪裡來，我說從火星來；來地球幹嘛，我說來臥底當間諜。

我說，我每個禮拜都要交一篇觀察報告，給火星老闆。有一次讀到「身體髮膚受之父母，不敢毀傷，孝之始也」，覺得很有道理，就建議老闆修改火星刑法，把最高刑罰改成「剪指甲」。

火星講孝道，毀傷身體就是不孝，不孝就會被人唾棄。剪你指甲，你就會被唾棄、顏面掃地、活不下去⋯⋯

純粹是一個社會實驗，看年過三十的大叔，跟小女生還能不能聊。

她明知我胡鬧，卻覺得有趣，持續跟我通信。慢慢，她問我數學該怎麼念？喜歡隔壁班男生怎麼辦？討厭牛肉麵店老闆娘怎麼辦？我都給她出餿主意，弄得她啼笑皆非。

我們持續通信半年，後來我離開滾石，斷了音訊。我開始在網路寫作，需要筆名，想起這段往事，就給自己取名「火星爺爺」。

每當人們問我：「你還年輕，為什麼叫火星爺爺？」我就會把這段故事說一遍。

我從未見過涼子，但謝謝她送我一個筆名。

滾石的聲音

在滾石做了四年直效行銷，網路崛起，我清楚未來是網路天下，應該去學。一九九九年春天，我離開滾石，去蕃薯藤。

我無比感謝滾石四年的學習。二〇一〇年十一月，滾石三十週年演唱會，無數滾石歌手、工作人員都去了，我也在場。

熟悉的歌手，在台上唱著熟悉的歌。歌聲響起，每個人都在腦海，放起自己的電影。所有在那些歌陪伴下，哭過、低潮過、開心過、歡笑過的人生時刻，一幕幕在腦海重播。那些歌，早已成為我們的人生配樂。

滾石的三十年，何嘗不是我們的三十年？那一刻我能想到最貼切的形容，是滾石當年的 slogan：一直最用心，永遠最好聽，滾石的聲音

整場演唱會，我最感動的橋段，不是任何一位歌手演唱。而是滾石總經理段鍾潭先生巡視會場，來到我們那一區，跟我們揮手招呼那一刻。

我看著他頭髮灰白，笑著跟我們招手，禁不住淚流滿面。三十年來，他給無數歌手寬闊舞台，給全球華人那麼多好歌，給我們這些企劃那麼大的成長空間……

看著他白髮蒼蒼，我心想，你給了我們這麼多美好，但願，相應的美好，我們也曾給過你。

滾石四年，磨練出我後來需要的本領，我清楚自己是誰，能做什麼。

好像茫茫大海上的一艘船，升級動力，又配備羅盤，知道自己，可以往什麼地方航去。

16 出書成為作者

沒有「江郎才盡」這回事。卡住，就換個方式打開天線。宇宙有無垠的故事點子，等你接收。

為了測試而寫作

一九九九年春天，我加入蕃薯藤擔任產品行銷協理，後來也接任執行長陳正然先生特助。要開發產品，又要幫陳先生關注市場動態，我花很多時間研究各家網站。我註冊帳號，實際體驗，每個連結都點，該做的都做一遍，記錄功能、使用體驗，揣摩網站設計邏輯，以及未來可能發展。

二〇〇〇年詹宏志先生成立《明日報》，一份網路原生新聞媒體，其中最獨特的是個人新聞台。

以前寫新聞的是記者，題材是公眾事務。現在有「個人新聞台」讓你發聲，主題不限，愛寫什麼寫什麼，沒有編輯審查，還給你留言板跟讀者互動……非常新鮮。我好奇這種「記者民營化」平台有機會嗎？寫的人會多嗎？多了會怎樣？平台靠什麼回收？

想再多都不如親身體會。

我第一時間註冊帳號，給自己的新聞台取名「給下一個科學小飛俠的N個備忘錄」。

致敬作家卡爾維諾《給下一輪太平盛世的六個備忘錄》，以及我年少喜愛的卡通。至於N，是因為我不知道會寫幾篇。

我模擬卡通裡的南宮博士，給科學小飛俠寫備忘錄。把此前有限的職場人生體悟，轉化為故事。我能寫，但清楚我一個普通上班族身分，對讀者來說沒有說服力，只好採取這種形式。

為了隱匿身分，取筆名「火星爺爺」。我一邊測試一邊觀察。我注意到只要我發文，就會不時查看點閱率，看有沒有人留言？有，就盡快回覆。

我意外發現這個圍繞創作展開的平台，有強大社交屬性。我也注意到先行者紅利：越是早期用戶，發文勤快，越能占領地盤，有更多曝光。

我前後寫了六篇，知道平台怎麼運作，創作者有何感受，跟讀者有何互動，未來平台可能有什麼發展……就覺得任務結束，可以告退，趕緊給老闆寫觀察報告先。沒想到我開始被網友追殺：「你下一篇什麼時候啦？」「寫幾篇就停，欺騙感情嗎？」「拜託，趕快寫啦。」

完全出乎意料。看樣子不能停，只好繼續。我不想永無止盡寫同一題材，就把N換成37，給出明確終點。

前面十幾篇，我寫得很快。有時一個禮拜能寫上兩、三篇。最獨特一次經驗，是第十七篇。我在公司樓下一家咖啡館，面對筆電螢幕好久，一個字也打不出來。咖啡館冷氣很強，瞬間，強烈焦慮來襲，我全身發冷。完了，會不會江郎才盡？才十七篇，後面怎麼辦？怎麼跟網友交代？這麼快就遇到瓶頸，出書夢，圓得了嗎？

為了阻斷那些小聲音，我離開現場，回辦公室穿上一件外套保暖，再次回到咖啡館。結果，我寫出一篇非常獨特的故事：〈訓練一顆蘋果打坐〉。

敘述火星一個馴果師（馴服蘋果），學藝最久，出道最晚，卻馴服最多顆好動的蘋果，讓它們安靜下來。還把陳正然先生常掛在嘴上的一句台語，當作結尾：「無忍袂大尾！」（不忍耐就不會成功。）

那之後，我知道沒有「江郎才盡」這回事。每個人都可以寫，卡住，就離開現場，換個方式打開天線。

宇宙有無垠的故事點子，等你接收。

夜間回留言

我寫的故事，引發不少回應，網友留言，我都逐一回覆。

有人會說故事帶給他的感悟，有人會問問題，關於家庭的、職場的、感情的……各式各樣。

一個禮拜有兩、三個晚上，我都會花一小時回留言。純粹覺得，回應是禮貌。提問的人，可能在那個問題過不去，我恰好有想法，何妨交流。當時純粹希望，自己一點淺見能幫上忙，在態度上盡量積極正面，給予鼓勵。

卡住一個人的，通常不是現實，而是看待現實的角度。

我把提供新角度，當作一種解題練習。我文案出身，不想陳腔濫調，就會嘗試用不同觀點、寫法，讓對方看見新可能。

當時同齡的朋友，都把時間花在工作、家庭，努力賺錢養家。我卻在夜晚，回覆陌生網友留言。坦白說我不知道，那樣做，意義是什麼？

幾年後，我才明白。

我本來不是什麼正向、樂觀的人。我容易悲觀，總是想太多，愛鑽牛角尖，經常自困跳脫不出。

要回覆留言，鼓舞人家，需要新態度，我不自覺選擇正面、積極、樂觀的態度。我不知道那些回應，是否安慰到人？不知道他們是否被療癒？但日積月累，我被療癒了。

大家的問題都類似，在不斷為別人梳理的同時，我無意間治癒了自己。

二〇〇六年春天，我覺得自己能講創意，就開了「創意寫作公開班」。

結果，那些在夜裡互動過的朋友，來報名了。因為那些故事、那些夜間留言，他們相信我，願意支持我，給我機會去練習當一位講師。

第一班，教室既是課堂，也是網友見面會。我興奮又忐忑，跟二十幾位朋友，開心玩了一天。

我無比激動。

當年他們對故事的好奇，催促我寫作；他們提問那些困擾自身的問題，間接療癒我；他們相信我能教創意，以行動支持，又鍛鍊我日後成為企業講師。

我在網路寫作以來，一直都是跟這些朋友共同創作。

我們一起產出的作品，不僅僅是書，還有後來我全新的人生。

我本來是普通上班族，固定在一家公司上班，卻因為這趟旅程，成為講師，能夠為兩岸三地幾百家企業服務。

你昨天是誰不重要，那已經是沉沒成本，你永遠可以活出全新的樣子。

出版第一本書

寫作，我是從商業文案開始的。商業文案，是閃電戰。消費者日理萬機，只給你幾秒鐘，時間到他沒興趣，就再見走人，我倆沒有明天。

滾石四年的鍛鍊，我知道如何用精簡、有畫面、直指內心的文字，跟消費者溝通，我也用這樣的文風寫故事。

在個人新聞台寫作後，我常收到朋友轉發我寫的故事。我都要回說，那是我寫的。有一次寫完一篇領導故事，當天收到三次轉寄。開始覺得這系列故事，或許可以集結出書。

我很喜歡大塊出版社，買了很多大塊的書，也是董事長郝明義先生的書迷。很期待，自己第一本書能在大塊出版。

我主動寫信給郝先生，附上作品，如果合適，期盼有機會前去拜訪。

幾封信來回，郝先生請我去公司，我緊張又興奮。郝先生從出版發行角度，問我一些問題。我對出版不熟，覺得自己回答得不好，但主編韓秀玫女士非常支持。

當時懷舊風起，開始有「五年級」、「六年級」的名詞出現，她認為以懷舊卡通角色，來寫現代職場人生，說不定會異軍突起。

就這樣，二〇〇一年初，我出版《給下一個科學小飛俠的37個備忘錄》，開始「火星爺爺」這個新身分。

當時出書門檻高，素人出頭不易。拜網路之賜，我跨越門檻，出書成為作者。

記得新書上架，我跑去敦南誠品，看著自己的書躺在架上，滿心難以置信的悸動。我像個祕密客，在書店一角觀察。

看什麼人拿起書？翻閱多久？帶去結帳嗎？如果帶去，要不要攔下他表達謝意，順便幫他簽名？

我忍住。

出版社幫我安排一些媒體訪談，報紙、雜誌、廣播、電視都有。我認真受訪，也觀察媒體怎麼運作。等知道一切是怎麼回事後，我對於曝光出名，就免疫了。

今天的報紙頭條，明天拿去包油條，我對出名沒有癮頭。後來對於受訪內容，甚至可以不看、不聽、不讀。

媒體報導像一面鏡子，但我知道自己是誰，不一定要照鏡子。

因為這本書，開始有讀者跟我聯繫，最特別的是兩位。

一位是安德魯，他把這本書反覆讀了幾十遍，他說我的書，陪伴他度人生特別的時刻。後來，他也來參加我的公開班。和太太結婚，還請我上台當證婚人。

另一位是高三女生，她寫 email 給我。她說國三時，跟一位也叫「火星爺爺」的人當筆友，請問是同一位嗎？

我很驚喜，我說是，涼子，就是我！

我寄了一本簽名書給她，謝謝她送我一個筆名。

一九九八年到現在，我們都沒見過面。我常開玩笑說，我並沒有在網路上，誘拐未成年少女。

我衷心感謝郝先生，更謝謝韓秀玫女士一路支持。能寫的人很多，她看見我的潛力，是發掘我的貴人。寫到這一段，我傳訊給她，再度向她表達謝意。

小蕃薯的故事

在蕃薯藤工作期間，我有一段特別經歷，是製作動畫。當時我們有個兒童網站「小蕃薯」，虛擬角色蕃薯寶寶「小呀米」，很受小朋友喜愛。

我跟公司提案為小呀米製作動畫，我負責腳本跟統籌，帶領同事配音。動畫，交由公司的美術設計師 Book 負責。

故事講述小呀米的爸爸「呀力大」得病，根據「蕃薯綱目」記載，必須到遙遠的「汗吉山」，找到「千年嬰兒蔘」，讓爸爸服用。三十天內找不到，爸爸會一命嗚呼，讓人類拿去炸薯條。

家裡「呀璐扁」奶奶太老、「呀馬露」媽媽要照顧爸爸，沒辦法，只剩小呀米能夠前往。於是，在成仙的「呀不史」爺爺一路保護下，蕃薯寶寶小呀米帶著寵物小蟲「呀魯巴」出發，去幫爸爸找解藥。

小呀米一路上，要做九件好事，千年嬰兒蔘才會現身。他一路幫了大西瓜、白蘿蔔、火金姑、聖誕紅、蕃茄姑娘……最後戲劇性完成任務，救了爸爸。

這系列動畫，我們做得無比開心，小朋友也很喜歡。後來，由同事古靜仁主筆，我協助潤飾，把動畫編寫成書，由寶瓶出版社出版《小呀米大冒險》一書。

都市奇幻

因為上述合作機緣，我的第二本書《三號小行星》，也透過寶瓶出版。成長過程，我有很多單獨時刻，那些時候，我多半活在想像世界。

我對現實不感興趣，總喜歡加入想像。第二本書，我寫了十五個都市奇幻故事：

〈銅像的對話轉播〉：你懷念，卻無法相見的人，就像一尊銅像。你可以委託一個人，他會找各種理由，去跟銅像聊天，回來轉播給你聽……

〈夢的點播員〉：懷念逝去的父親，卻夢不見他？來找夢的點播員。他會給你一張符，在符上劃下催夢咒。你回去放碗裡燒掉，配鹽水服下，三張符保證夢見。

〈雙胞胎備份〉：總有你該出席的場合，卻不想去吧？雙胞胎備份公司，能客製一位看起來就像你那位不存在的雙胞胎，替你出席各種場合，而且應對得體……

〈遺忘小藥丸試用〉：誰沒有不堪的往事？誰沒被那些往事騷擾得不成人樣？試試遺忘小藥丸。紅色藥丸鎖定待忘事項，藍色藥丸直接刪除，藥效立即，溫和不傷腸胃……

平凡超人

有一次我開車聽廣播，一位女主持人談及一個中學資優生自殺，話鋒一轉，把所有人都罵一頓：正是教育主管機關、社會、學校、媒體……的聯合失職，才逼一個年輕學生走上絕路。

聽完我心想，不幸發生，都是別人的錯，我們一點責任也沒有？不能做點什麼嗎？大家都在等超人拯救世界，如果超人不出現，我們可以自己跳出來當超人嗎？

第三本書《超人大頭貼》，我虛構十五個平凡超人的故事。

他們是郵差（看見不快樂的掛號收信人，就寄匿名卡片幫他打氣）、年輕廣告人（為哭泣的孩子講故事）、八歲就開始寫遺書的不得志上班族OL（後來獲得能力，擁抱對方，就能讓對方無比寬慰）……

他們成為卡片超人、故事超人、擁抱超人……在平凡日常，做一些簡單、卻能帶給別人幸福的事。這些故事在《30雜誌》連載，出書時，我幫每一個故事都畫上彩色插圖。

我記得畫圖時的快樂，沒想到，從我的指尖，能流瀉出那些繽紛的色彩與圖案。

戀人亂語

之後我寫一系列愛情迷你短篇，講一對夫妻約翰、瑪麗，結婚後依然戀愛的故事。我單身，寫這樣的內容全憑觀察跟想像。

我寫一個殷實、良善、點子多的先生，配上聰慧、務實、卻有些野蠻的太太，在俗世生活外，兩人一些獨特、有趣的經歷跟互動。

像是先生有一次去游泳，發現泳池關閉，原來被倒了十二瓶龜甲萬醬油。是一個少女做的，那是她的復仇。

她家從爺爺開始就釀製醬油，牌子叫鱉乙千，結果龜甲萬一來，他們家的醬油沒人買，從此家道中落。她不滿那些移情別戀的消費者，就買了龜甲萬醬油，倒進好幾個游泳池……愛喝，老娘讓你們一次喝個夠！

我寫得開心，後來這系列故事，集結成第四本書：《戀人亂語之約翰愛瑪麗》。

X－經理人

二〇〇四年底，《經理人月刊》創刊，副總編輯找我寫稿。正經八百的內容，他們有專家寫，他希望我說故事來談管理，要好玩、有趣、有管理意義。

真不容易，我苦思一個月，交稿前幾天，腦海閃過一個畫面：一頭大象從自己的辦公室走出來，穿過會議室外走道，緩步搖著尾巴，朝門外電梯走去，用鼻子按電梯按鍵，坐電梯下樓……

我想到要寫什麼了。我想出一家生化科技公司，專研基因技術，幫人們改善外觀，卻不幸遭逢變故，結果公司主管分別長出象鼻子、豬鼻子、兔耳朵、麋鹿角、跟長頸鹿一樣長的脖子……

公司叫「完美基因」，但經營團隊看起來一點都不完美，活像個動物園。故事環繞這群主管，如何面對變故、處理危機、迎向挑戰（很多是我工作歷程切身體悟）。要把別人變完美，先把自己變正常。

為了增加趣味性，出場人物我都用音樂家、作家的名字。董事長貝多芬有象鼻子、總經理李斯特有豹紋、財務長莫札特長出兔耳朵、研發副總是舒伯特長出豬鼻子……

每篇故事，我用一部電影來當篇名，增添畫面感：《超完美嬌妻》《未婚妻的漫長等待》《濃情巧克力》《史密斯任務》《歌劇魅影》等。

骨架想好，但故事要寫到符合要求，還是很難。每次交稿前，我都緊張兮兮、死去活來，但期限一到，還是順利交出稿子。

期限是有威力的，有期限，就有產出。沒寫進行事曆的事，永遠不會發生。

這系列故事，之後轉到《Career雜誌》連載，集結成第五本書：《X－經理人的奇幻管理學》。我也為其中幾篇，畫了插圖。

包包的繪本

我一直對動畫感興趣，小時候愛看，在蕃薯藤做過動畫，也加入動畫公司。我知道故事是動畫的核心，就想先寫一個故事做成繪本，再看之後是否有機會，延伸成動畫。

我開始醞釀一個包包跟主人分開，自己去流浪，追尋價值的故事。它長期依附在主人身邊，覺得有依靠才是完整，卻一直找不到。後來經歷非凡努力，找到伴侶，卻還是失去，有了獨特體悟。

故事要短而深刻，一、兩句話就搭配一張圖，畫面要動人。我先試著自己畫，成品完全不行。就找一位年輕插畫家，把內容畫過兩遍，還是覺得能夠更好。透過朋友介紹，認識插畫家劉經瑋，風格獨特。從他接手又花四年完成繪本：《包包流浪記》。

你可能無法想像，這本書從發想到出版前後十年，花費超過一百五十萬，得到十七個國際獎項，包括德國紅點設計、日本插畫協會、中國金龍獎……透過募資平台預購，首波就賣出五千本。為了表達感謝，我每一本都簽名。當時在辦公室，我花整整三天，在五千張扉頁寫下祝福跟感謝……

這本書，我想分享一個概念：你不會擁有誰就完整，也不會失去誰就不完整，你本來就是完整的。

如何說故事

我一開始只教創意，學員反應一向熱烈，開始客戶問我，還有沒有別的課？我一路寫文案，寫故事，覺得可以分享如何幫產品說故事。

故事怎麼講會動人？金句怎麼寫有力道？話術要怎麼說能讓客戶買單？廣告腳本要怎麼構思能讓人看過不忘？……這些主題，應該很多企業會感興趣。

教人說故事的書，我讀過很多，方法很好也有威力，但多數都停在單點，少一個好記的架構。我用一個簡單網址，加上故事火箭工具，串起所有故事心法。我搜集大量的經典案例，開發出第二門課「故事王」。

透過一次次調整精進，這套方法容易吸收，用起來極有威力。課堂上，同學們創作出很多金句、海報，幾乎可以直接拿來用。

乳癌藥：顧好事業線，延長生命線。

長髮公主專用洗髮精：頭髮長得快，愛情來得快。

茶葉蛋：釋迦牟尼都想破戒。

後來為了讓更多人學到這套方法，我把課程轉成文字，出版第七本書：《故事要瘋傳成交，就用這5招》。

你正在閱讀

多年來，寫作，一直是我夜間的祕密任務。我白天上班，晚上寫作，因為有話想說，又耐得住寂寞，一直寫到今天。

寫作需要大量獨處，經常只能跟自己對話，無法知道辛苦栽種的文字花卉，能不能給人帶來芬芳。出書後，知道自己的書，陪伴過讀者度過特別的生命時刻，非常寬慰。

寫作給了我一個新身分，出書後，我過起「火星爺爺」的人生。之後延伸的機遇，開啟更多旅程，讓我在抵達此刻時，多了一些故事。

我很少寫自己，如果有也盡量不著痕跡植入。因為身體不便，我得穿越限制，註定會有不同經歷。過往對這樣的不同，總覺得不好意思（很麻煩人家），也難啟齒（人們會感興趣嗎）。

後來明白這樣的不同，能給人不一樣的視角。多元，就有價值。

我就當自己是一位實況主，為你重現，我在人生打怪的故事。你正在閱讀的，是我的第八本書。故事還在繼續，但容我先謝謝你。

第3部

開闊

17 創業成為講師（上）

我像追劇的觀眾，追著自己接下來的每一集，很想知道，我還能創造出什麼？

持續準備

蓄薯藤三年，我嫻熟如何運用網路創造價值。之後三份工作，也跟網路相關。我先到匯豐銀行電子商務部，負責網路銀行的升級建置，並推廣客戶使用。期間認識幾位做動畫的朋友，之後他們成立公司「電視豆」，找我負責業務與行銷。我們推出台灣原創、日本製作、全球發行的熊貓動畫，與東森電視、台灣大哥大、無敵電子字典，以及周邊商品開發商合作，經常透過網路推廣。

後來我去新光證券，擔任董事長詹炳發先生特助，協助建置網路下單平台與行銷推廣。新光證券最早推出手續費終身無條件二八折優惠，吸引很多年輕族群，成為早期電子下單的先行者。

出道當講師前，我當了十四年上班族，產業涵蓋銀行、唱片、網路、動畫、證券。跨產業經驗、理工男背景，成為講師後，不管去科技業、金融業、流通業、消費性產業、文創業，大家都覺得我是自己人。

加上之前出過書，在媒體寫過專欄，我不算素人。當講師，我不是從零開始，是從「0.2」開始。

第一堂公開班

我在台北內湖買了第一間房子，四樓公寓三十坪，沒電梯。

我和研究所同學同住，每天上下班，背公事包上下四樓。去超市採買兩大包，同學不在，我就每走幾級階梯停下，把袋子往上放再繼續走，一級一級台階把東西提上樓。

住處也沒停車位，後來開車，我要把車停到一公里外山坡，再騎摩托車回家。

不是很不方便嗎？我買房時不覺得，上下樓梯，我當作鍛鍊身體。

後來好友Kevin搬到汐止水蓮山莊，我們一群人過去拜訪，很喜歡。三位朋友陸續遷居過去，包括我。我先租屋，二〇〇五年底買下一戶。

買房後，我就想能多做什麼，早點還清房貸。我在網路寫作多年，覺得可以講「創意寫作」。

蓄薯藤期間，我累積很多短講經驗。只要企業邀請，想知道網路能幹嘛，老闆就派我去「宣揚國威」。兩小時演講我能做到有料、好笑、無冷場，但一整天的課要讓人專注七小時，是大考驗。

我花三個月編寫課程，透過部落格招生。我做教材、設計練習、找場地、印講義、準備教具、訂便當、找朋友當助教……

二〇〇六年四月，開了第一班公開班。

二十幾位報名同學都是讀者，在徐州路市長官邸和式房上課（旁邊餐廳，隔音不佳，但吵的是我們，全天歡笑不斷）。

我緊張又興奮，不停走來走去。我設計競賽，準備獎品，有很多互動搶答跟練習……多年後同學告訴我，說那一天，我簡直把他們操翻，他們整天想點子、討論、上台、給回饋，回到家腦袋還轉不停……

第一次經驗，無比寶貴。上課前我模擬過多次，實際帶課就發現，什麼東西對，什麼東西不對。不對，就趕快改。

第一堂企業課

我持續以兩到三個月一班的節奏，做了一年多。之後一位企業人資ＨＲ問我，能不能去幫他們上創意課？

那之前，我不知道有企業講師這種工作。

我接下案子，戰戰兢兢，完成一天課。我還生澀，有很多地方要改進，但至少我跨入企業講師這個圈子了。

那位ＨＲ，是Jennifer（先生是知名談判講師鄭志豪老師，我和他們夫妻，後來都成為好友），她讀過我的書，認為我能講創意，給我機會……我成為企業講師是她引我入門，我非常感謝。

教學，一開始是我的業餘項目。當時我仍在新光證券，協助董事長詹炳發先生把公司轉型成電子券商。我扮演機動救援角色，哪個部門需要，我就去協助。

從平台架構、服務流程、客戶推廣、網站建置、人員訓練，無役不與。我純粹幫忙，不與人爭權，又不時幫大家上課，大家都叫我 Logan 老師。

詹先生當時有個布局，證券轉型成功後，他們計劃買下一家電視台。我與詹先生都熱愛文藝，順利買下，就有機會做內容產業（我加入新光證券的主因）。可惜兩年後花落別家，我們無緣買下。

我一路受詹先生照顧，他專業、風趣、熱愛藝文、懂得生活、很照顧部屬、又有精采文筆，我向他學習非常多。但我志不在證券業，階段性任務告一段落，就想試試成為職業講師。

二〇〇七年十二月，我成立公司，從一個領薪水的人變成發薪水的人。公司名稱「利奇佳」，英文「Rich Heart」的意思，利益眾生神奇效果佳。

成長 SOP

從二〇〇六年第一次教創意至今，在企業授課超過千次。重看當年講義，我羞愧又感謝。

羞愧的是，這種東西，也敢拿出來？感謝的是，還好這種東西有拿出來，否則不會有後面進化。

多數人要做一件事，走的是「POS」系統：先有熱情（Passion），然後擅長（Outstanding），之後再開始（Start）。

有時候我們不一定清楚自己熱愛什麼，等有熱情再開始，頭髮都白了。

可以把上面的POS系統，倒過來，先開始（Start），做著做著擅長（Outstanding），擅長後做出熱情（Passionate），就能持續不斷。

發現了嗎？倒過來，你就有一個全新的「SOP」成長系統。

我就是一個SOP的實踐者。二〇〇六年之前，我從沒想過，我會成為一名講師。我就是先試，做得還不錯，產生興趣跟熱情。結果，講師，成為我做得最久的一份工作。

每當你想做個什麼，第一版，可能很糟糕。被笑、被吐槽，是必然。第一次就一箭穿心，是小概率事件（一箭雙鵰更不要想），那是神人的管轄範圍。

如果糟糕是必然，就不要為糟糕傷神。

把酸民的話，當背景噪音；把目標放在，如何有「更好的第二次」。

第一次不好沒關係，追求第二次比第一次好。之後追求更好的第三次、第四次……持續兩百次，肯定厲害，口碑肯定傳開。

我最敬畏那些，打算把一件事做兩百遍的人。比起一出手就完美，反覆淬鍊，做兩百次才變高手，更讓人敬重。

學習，就像養小豬。養豬場主人，不是第一天就會養豬。只要知道豬會長大，他養豬會進步，就可以從幾隻小豬開始養。

你也可以。等你累積出一座養豬場，就會有很多日式炸豬排餐廳，找上你。吃不到你的豬肉，他們就會失魂落魄。

篳路藍縷

剛開始，我們沒有辦公室。我跟同事李官倫先生各自在家，查工商名錄，列出潛在客戶名單，一家一家打電話。

我擬了各種話術，同事打電話給客戶會說：

「我們有一門創意課，很有趣、很簡單、很實用，講師是作家火星爺爺，已經教了兩年，成效很好，學員滿意度很高，方便先寄課綱過去給您參考嗎？您有興趣，我們再去拜訪。」

感興趣客戶不多，能拜訪的更少。

我出道就硬頸，從未請朋友幫忙介紹。心想開課靠人情，絕對走不遠。

為了拓寬客源，我拜訪幾家管顧公司，實際試教，讓同仁體驗，並從學員跟客戶角度，商討如何推廣。

盟亞企業管理顧問公司總經理陶淑貞陶姐喜歡這門課，也鼓勵同仁推廣。我第一家管顧客戶，便來自盟亞，後來他們更把我推薦給大陸客戶。

我跟同事努力拓展，因緣際會，拜訪股王宏達電。他們鼓勵同仁創新，開了三梯課程，同仁反應很好。

有了指標性客戶，之後推廣課程，感興趣的客戶變多。

當講師不容易，但我感覺，這條路應該能走下去。

事實上公司成立不久，就遇上二〇〇八年金融風暴，我受傷甚重。創業維艱，我資金斷鏈。

當時又剛告別一段關係，情緒低迷。同時，家裡還有不乾淨的東西，一位朋友每次見我都頭暈，後來協助我，請了一位法師來家裡處理。一次開車，去參加管顧試講活動，還在半路被消防車撞上……

你能想到的慘事，我都遇上，來到一個低得不能再低的點。意外的是，我竟然感到平靜。我非常好奇，接下來會怎樣。那份好奇，支撐了我。我像追劇的觀眾，追著接下來的每一集，很想知道，我還能創造出什麼？

我失去資金、對象、固定的薪資、安穩的生活、確定可期的未來……失去那些，卻還是活過來，代表那些，都是額外多出來的。

宇宙的豐盛，從來沒有離開過我。就算不得不便宜賣出股票，表示有人便宜接到，就當布施。豐盛有餘的人，才能布施，不是嗎？

不甘心，就去跟他們學，去了解為什麼「豐盛」三天兩頭，上他們家按電鈴？把布施變學費，布施就不會白費。

有一天再次創造，對別人產生價值，豐盛會回來的。

旅行社辦公室

創業第一年，我們就ＷＦＨ（Work Form Home），一年後我找滾石同事Winnie加入，覺得應該要有辦公室。她三姊羅麗瑩小姐，是翔順旅行社負責人。我們去拜訪三姊，情商三姊承租我們兩個位置，三姊慷慨答應。

就這樣，有三年時間，我們的辦公室就在翔順旅行社後面兩個座位。

我很感謝羅麗瑩姊姊、姊夫王魁元先生，以及翔順同事，創業初期給我們許多照顧。我後來出差、出國旅行，都請他們安排。

我跟 Winnie 開始辦講座，我們廣邀企業 HR，提供兩小時免費課程，讓客戶體驗。Winnie 執行力很強，開發許多新客戶。

印象最深的是，我們幫全聯五百家店長上創意行銷課，連續五天，在劍湖山世界。五百多位店長，年紀、教育程度差異很大，要讓大家聽明白、學到方法、雅俗共賞，又要整天專注，非常挑戰。

我把每堂課當脫口秀來做，講大量台語，盡量好笑即興。課堂上玩很多遊戲跟演練，注意現場能量起伏，即刻調整……每天課後檢討應變，隔天再試，順利完成五天課。

我們扎實以戰養戰，不斷累積帶課手感，修正調整教材。我甚至會在課後寫一封信給學員，回顧課堂氛圍，再次複習課堂重點。

我們的付出有回饋，第一年營收，跟我上班年薪相近，第二年成長百分之五十，之後每年都維持高雙位數成長。

有一個月我排了二十二天課，每天七小時，我整天不斷走來走去，非常操。我不知道怎麼撐過來，但那個月營收，相當我上班十個月薪資。

課堂上我跟大家分享「十倍思維」，用十倍規格思考創造，我在工作中實踐了。

18 創業成為講師（下）

深入看見兩岸三地華人的不同，屢屢拓寬我的眼界。我也明白，要在商務上獨自當空中飛人，我沒問題。

兩岸三地

我跟很多ＨＲ客戶，都成為朋友。他們轉換跑道要開課，也會找我。管顧夥伴也是，他們甚至把我推薦給大陸的客戶。

二〇一〇年上海舉辦世界博覽會，頂新集團康師傅各省高階主管，齊聚上海進行策略會議，盟亞陶姐請我去做一場三小時的創新課。

場地是大會場，現場兩百多位主管圍成一圈，要互動、要演練、要有料、要把大家帶動起來，主管們見多識廣，大老闆全程都在……

我們跟主辦單位做了很多討論，上課前一晚，我還在旅館摔傷手腕，陶姐擔心我隔天行動不便……結果隔天我滿場走來走去，中氣十足跟大家分享創新方法，順利完成對岸第一門課。

過往工作，我服務的企業都體恤我不便，海外出差，基本輪不到我。現在自己開公司，海外客戶有需求，我不用設限。

盟亞陸續安排對岸客戶給我。最特別的一次也是頂新集團，四董魏應行先生旗下德克士、全家等子公司高階主管培訓，在蘇州為期兩天。

那兩天我無比緊張，魏先生在台下全程參與，結束後，還讓我旁聽，分享他對企業未來的策略發展布局，那比我上過的任何企管課，都要珍貴。

魏先生決定把這門課，推廣給旗下所有中階主管。

我開始巡迴大陸，累計十個城市：天津、鄭州、福州、上海、重慶、成都、西安、杭州、長沙、濟南……每個城市兩天課，週一二上課，週三移動，週四五上課，週六休息，週日移動。

過程中，我獨自一人，沒有隨行助教，但沿路受到許多幫助。

有一回要從鄭州搭小飛機去西安，小飛機的台階太高我上不去，但一位大哥竟背我上飛機，又背我下飛機。

上課時，我不斷依現場狀況調整修正；下課後，我把握時間，到處走走。

各地主管都熱情接待我，下課他們會宴請老師，我吃遍大江南北各地美食。往來接送，他們會安排師傅，送我到教室、旅館、機場。甚至週六，他們也讓師傅帶我在當地遊歷一番。

我去過杭州西湖、西安秦始皇陵看兵馬俑、拜訪過包青天的開封、長沙的嶽麓書院，還獨自坐巴士去上海近郊烏鎮。為了表達謝意，我都把電話留給師傅，請他們到台灣聯繫我，讓我招待。

重慶那位師傅，在上課完隔天，帶我到一處熱鬧老街逛了一天，吃好吃的重慶小麵，我們聊非常多。後來一次員工旅遊，他來台灣，給我打電話。

那是他第一次離開大陸，在台北時間很短，又得跟大家一起移動，走不開，但很希望見見我。我買了滿滿一袋台灣名產，跑去國父紀念館跟他相會。

我見到他開心又激動，他也是。我們敘舊十分鐘，遊覽車要開，他得跟上大家。

我們都知道，要再見面不容易，在車上，他不停揮手跟我道別，我也是⋯⋯

兩岸有不同的意識形態，但撇開政治，我在對岸遇過很多良善、殷實的好人，受過他們很多照顧。

十個城市跑下來，我對大陸，累積了一些貼身感受與觀察。二〇一三年九月在杭州，客戶晚宴招待我去海底撈。當時海底撈紅遍大江南北，以貼心服務聞名。我一進門，一位服務員遠遠就推著輪椅朝我衝過來：「大哥您別走了，坐，我推您。」餐後，等電梯，又一位服務員拿著椅子衝過來：「大哥，您別站著，坐。」非常獨特的一次用餐體驗。

中國快速增長，給年輕人很多機會。我的課堂上，多的是才二十幾歲，卻管十幾家店的年輕人。他們快速、高效、拚命、相對沒空生活。當時我覺得，台灣的慢活、細膩、沒有目的的良善，說不定有另一種機會。

除了管顧，我的客戶也陸續找我去大陸、香港開課。

這些經驗，讓我深入看見兩岸三地華人的不同，屢屢拓寬我的眼界。我也明白，要在商務上獨自當空中飛人，我沒問題。

TED 演講

在企業教創意，我發現有一招「跟沒有借東西」，同學們特別有感。

就是問，你的產品沒有什麼？活動沒有什麼？記者會沒有什麼？……把那些「沒有」的列成清單，看看把哪一個「沒有」加進來會厲害，可能就是好創意。

比方，火車上沒有什麼？沒有「殭屍」，對吧？那麼如果有的話會怎樣呢？答案是，會有一部賣座電影《屍速列車》。

這一招簡單好用，但多數人不會用這種方式想事情。如果能分享給更多人，說不定能幫大家在創意卡住時，想出好點子。

恰好，滾石主管阿咪，鼓勵我分享自己的故事，說不定能鼓舞年輕人。恰好，TED將舉辦 Open mic 比賽，選拔素人上台。

我結合那個創意方法跟自身故事，整理成一個短講參加選拔，幸運入選。於是有後來，那場八分鐘「跟沒有借東西」的TED演講。

我用心準備，覺得應該能打動一些人。但累積點閱超過三百一十萬人次，完全超乎想像。

那場演講，為我開啟全新緣分。對岸朋友看見了，二〇一六年，我陸續受到大陸「行動派」創辦人琦琦與婉萍、「墨爾大學」創辦人詹唐寧與紅月小姐邀請，過去演講。

之後透過行動派協助，在大陸出版《包包流浪記》簡體版，獲得大陸原創漫畫動畫「金龍獎」繪本首獎。

直播教學

因為行動派，我認識一位青年作家，李尚龍。

他的書在大陸銷售都破百萬。他出身軍校，自學英文，成為大陸英語培訓機構「新東方」年輕名師，感染力驚人。

我們年紀差兩輪，卻很有話聊，二〇一七年二月，他跟朋友小白來台北，我帶他們到處吃小吃。

當時他跟幾位老師一起創業，透過網路直播教英文。我很感興趣，想知道他怎麼做直播課。兩個月後我飛北京，跟他學習直播教學，非常驚訝。

直播課只有聲音跟簡報，看不到老師影像。即便如此，同時在線有兩、三千名大學生，透過留言，回覆他的問題。他一提問，大家熱烈刷屏、根本來不及看清的樣子，我至今難忘。

他不僅教課，也分享為人處世態度（他才大孩子們沒幾歲）。時而故作嚴肅，把同學海罵一頓；時而笑謔詼諧，虧同學們一把。同學們樂壞了，跟著「龍哥」一塊瞎起哄，非常熱鬧有趣。

真是震撼，原來直播教學可以玩成這樣。那是預錄線上課沒法比的。

他們的模式清晰，用每個學生都負擔得起的學費，累積足夠學員數，提供新東方等級教學，創造大量溫暖連結，讓孩子們學到知識、交到朋友……太有意思。

我在企業教課多年，讓同學嗨一整天，又學到東西，沒問題。但下課後，他們真的會用嗎？用得好不好，有人回饋他嗎？換成直播教學，我能維持實體課強度嗎？能透過這種方式，在作業練習，為他們多做一些嗎？

我想探索直播教學，看用來做企業課，能不能做出不同效果？

我跟尚龍情商，能否給我機會練習，讓我跟同學們分享一小時創意課，當作尚龍老師給同學的福利加餐。尚龍情義相挺。

同年七月，我再飛北京，對線上一千多位同學直播，分享創意。

要講內容，要控制ＰＰＴ跳頁，還要互動，注意留言板同學留言，適時回應點評……手忙腳亂，非常過癮。第一次，有很多改進之處，但覺得可以繼續。

同年十月，我就在行動派，先後開創意課、故事課（尚龍還從北京坐車到深圳，為我站台）。兩班各有五、六百人，我們用直播平台「千聊」，只有聲音跟ＰＰＴ，而且無法即時同步。

我必須先講一分鐘，錄好送出，再繼續講下一分鐘。學生得先聽完前一分鐘，再聽下一分鐘。換言之，我跟學生之間，有兩分鐘時間差。

如果此刻，我問同學一個問題，他們要兩分鐘後，才能在留言板回覆答案。無法即時，又有兩分鐘時間差，我依然做了大量互動。

當時大陸課堂，多數老師都從頭講到尾，鮮少互動。實體課如此，線上課互動不易，更不用說。

結果我第一堂課，就累積三千多則學員回應，把主辦方嚇到了。

不只互動，我們還玩分組競賽，答題就加分。

為了更精確讓個別學員回答，我玩起「唐伯虎點秋香」。我將各小組成員，依出生季節分成春香、夏香、秋香、冬香，互動時指名：「這一題，第四組秋香請作答……」

同學們玩得不亦樂乎，大家都非常意外，原來直播課可以這麼有趣。我在台灣直播，出作業給同學練習，並挑選出作業點評，一堂一堂下來，真的看見同學們進步。

這樣學習很高效，有很多優點。

老師跟學生不用梳妝打扮、舟車勞頓，在哪都能上課，穿睡衣也行。直播期間約定，你寫進行事曆，就會空下時間學習（預錄課買了，經常沒學）。做作業，就能驗證你是不是學會，加上老師點評，更清楚哪些地方需要加強。除了自己寫作業，觀摩高手作業，也是學習。學員經常看著神人作業驚嘆：「天啊，還可以這樣做！」更重要的是，那些高手是你同學，你們能因為學習交上朋友……

我算是台灣最早做直播課的企業講師之一，我認真覺得，這領域值得深耕，能真正幫助學員，開始萌生到大陸創業，做直播教學。

大陸藝而善

我的想法是，大陸直播教學方興未艾，如果能做出模式，説不定能把台灣講師介紹過來，走出一條直播教學的「絲路」。

我開始去了解，在大陸開公司種種流程與法規，相關著作權如何註冊登記。二〇一八年七月，我在深圳成立公司，公司名稱「藝而善」：學好本事做好事。

我找了三位同事，都是課堂上表現優異的同學。

我們第一次見面，他們到深圳機場接我，很像網友見面會。我們租了一間民宿，一起商討未來計畫。三個小女生代號火星女俠，有各自角色。

夢婕衝鋒陷陣，小櫟後勤支援，碗碗游擊協防。那幾天一起工作一起生活，對同學做直播，預告接下來的課程。想到未來，三個小女生，竟開心在客廳跳起舞來。前路艱險，大家一條心，應該可以逐步穿越克服。

只不過人員陸續有一些異動。碗碗跟夢婕，因個人因素，先後離開。我又找了幾位同學一起，Icey、銘杰、靜婕。我們在深圳哈爾濱工業大學附近，找了一個共享辦公室。

我開始當空中飛人，一個月十天飛深圳，其餘時間在台北服務企業客戶。

我們辦了線上試教，開了實體課、線上直播課，並跟幾個單位合辦宣傳活動。印象最深一場，在廣西南寧，一位媽媽，推著坐輪椅讀小四的孩子來參加。

那天小朋友玩得很開心，從頭到尾眼神閃亮。結束後，我過去跟他聊天、拍照。很期待那天，我有在他未來的人生選項擴大一些項目；讓他看見，在身障者能做的傳統工作外，他依然有很多選擇。

多數人看待大陸市場，只看見市場大，沒有看見競爭激烈。我也是。但宣傳招生一起動，我就強烈感受到了。

免費的試聽課太多，老師們都無所不用其及推廣，學員面對海量學習選擇，多到足以淹沒。即便有些學習圈，會分享我的ＴＥＤ演講，也遠遠不夠。

我們開始找合作夥伴嘗試合作，有兩個大場，印象很深。

一次是公益佛教單位主辦親子營，在西雙版納。現場四千多名親子，我要帶他們玩創意。我玩很多互動，孩子們拚命搶答。

結束後，一位八、九歲小女生，不顧工作人員攔阻，穿越重重人群，跑到後台問我問題。她的慧詰與膽識，我記住了。

另一次在山東濟南，幾位年輕人，創辦一個線上學習平台。他們平均年齡二十八歲不到，身價都破千萬人民幣。

我見識了年輕人的衝勁。創辦人演講技巧高超，感染力十足，他們透過傳銷方式推廣學習ＡＰＰ，我去為他們的經銷商，做一場演講。

大家有心合作，但延伸效益不如預期，我們決定自己努力。拓展不易，先控制成本。幾個月後，我們在深圳龍崗一個小區，租了三間房。兩間給同仁當宿舍，一間當辦公室與我在深圳的住宿。

辦公室廁所沒有坐式馬桶，我們請人加裝。那時已經冬天，洗澡熱水量不大，房間窗戶密合不佳，晚上睡覺偶爾會冷醒。

有一晚我夜裡醒來，坐在床上，看著窗外，突然問自己，我在做什麼？花很多力氣，做效益很低的事，儘管很想透過學習幫助他人，幫到的人卻很少，是千金撥四兩。全心全力投入，都不一定有成果，何況一個月只待深圳十天。做了十個月，我決定喊停。

我給同事優惠安排，告知所有同學我的決定。二〇一九年三月回到台灣，不再飛深圳。大陸業務拓展未成，但收穫很多朋友。

很多同學，三不五時傳訊分享他們的成長（生小孩、陪病中孩子的體悟、大病初癒的感想……）。有事過不去，他們會想到，上過課的那位老師，說不定有答案。

同事們的諸多幫助，我更是感念。

深圳十個月，我特別感謝同事小楪，對我的照顧。

成立公司初始，我一通電話，她放下多年的工作來幫我，協助設立、跑銀行、跑行政單位。開課後，她照顧同學，照顧同事，任勞任怨，不停鼓舞大家，非常溫暖。

後來我們搬到龍崗小區，其他同事週末回家，她照顧我三餐、生活起居。回到台灣，她依然幫我、照顧同學。她常把看到的好創意、好廣告，分享給同學，繼續她火星女俠的任務。

我很感謝、掛念她。節慶、生日，會打電話問候她，表達謝意。更期待疫情過後，招待她來台灣，帶她吃小吃，體驗台灣美而暖的風土人情。回報她當時，對我的悉心照顧。

火星學校

大陸業務暫停，但直播式陪伴教學，真的能幫學員，我也累積一定手感，還是想繼續。我後來改用大陸的直播平台「CCtalk」授課，能同步呈現老師影像與PPT，也提供多元功能，讓老師更方便管理教學。

不知道在台灣，同學們能不能接受用這樣的APP來學習？試了才知道。

二〇一九年八月，我在台灣開了第一班直播課「故事王」，教大家怎麼幫產品、品牌說好故事。出乎我意料，那一班有八十幾位同學報名。

大家一開始不熟悉CCtalk，熟悉後也都習慣。除了教課，同學作業我親自回饋，他們很驚喜。特別是看到神人同學們作業，也讓他們大開眼界。

除了學習，我也透過Line群組，讓各小組彼此討論，大家互動氣氛熱絡。課程結束，南部同學自己找場地辦發表會，同學們運用所學，上台講自己的故事，我也南下全程參與，無比感人。

我持續開班，也把前期學員找回來當學長姊，請他們照顧學弟妹。我也辦實體競賽，提供獎金跟獎品，讓同學組隊參加，實際運用。幾次比賽現場，像迷你園遊會＋網友見面會，大家嗨到不行。

我意識到，這或許能夠變成一個獨特、溫暖的學習社群。後來我創辦「火星學校」，做網站，推廣直播式陪伴學習。除了我的課，我也陸續找幾位老師。權自強老師（網路行銷）、王東明老師（口語表達）、趙胤丞老師（心智圖）、柯建銘老師（簡報設計）、忘形老師（人際溝通）、王可恩老師（人生教練數）、蔣昊老師（直播教魔術，連新光證券詹董事長都來上過）。

每位老師，我都花很多時間陪伴。

我跟老師一張張PPT過課，分享我的直播教學體悟，怎麼設計作業，怎麼互動抓住同學注意力。老師上課我都跟，在課後給老師回饋建議。

直播陪伴教學，對老師負擔很重，上課之外，要花很多時間回饋作業。我無比感謝這些老師，他們不僅有料，也非常有愛，對學員付出沒有底線。

助教學長姊們，一樣感人。他們無償回來陪伴學弟妹，付出很多關愛跟建議。我不停謝謝他們，他們卻說，很開心能回來，站在助教視角，又把課程學習一遍。

我們在日月潭辦過一次助教訓練營，連結大家。兩年尾牙，我也聚集大家，酬謝大家幫忙。

教學過程中，我注意到，有些學員對「講師」這份工作有興趣。

我有經驗，花了一年開發一門「如何設計大賣課」，幫助想當講師的朋友，學習如何設計課程、帶領課程。

二〇二〇年，新冠疫情開始，很多人覺得我超前部署。

我不是蓄意為之，只是發現一個有效的學習方式，想分享給更多老師跟學員。我努力推廣直播教學，結果疫情一來，所有老師都會了。

活在這個時代，對於一個學習者來說，無比幸福。

有太多學習資源，能滿足我們的求知欲。但要真正學會一門技藝，需要系統學習，不能淺嚐即止，不能沒有回饋，更不宜獨自探索（有高手同行，進步更快）。

真心跟你推薦，我們的直播式陪伴學習。哪天，你真心想學會一門技藝，歡迎你來火星學校。

謝謝夥伴

當講師以來，一路有多位夥伴幫我。在台灣，有官倫、Winnie、昭文、小紀（陪我最久，從台灣到大陸，從實體到直播）、Alan、Ling、Areal、儷揚。在大陸，有萝婕、碗碗、小櫟、Icey、銘杰、靜婕。更有許多管顧夥伴、企業客戶的盛情照顧。

謝謝夥伴們推我前進，又包容我的難搞。

我設計出四門課：創意王、故事王、策略王、大賣課；在企業教課，也開公開班；很早開始探索直播教學，這一路，都在夥伴陪伴下完成。

培訓，很像是在學員的腦中，安裝一個APP，在他遇上疑難時，能啟動協助。想到，曾經跟夥伴一起做過APP，幫助過學員在他遇險時化險為夷……就感到無比寬慰。

19 跨界探索

奇妙的是，沿著這首歌預示，我也慢慢成為一個「有故事的人」。

鋼琴

小學二年級，教室有一台風琴，用腳踩踏才能發出聲音。有一回老師不在，我站在風琴前用拐杖踩踏，沒人教就彈出〈小蜜蜂〉：索咪咪，發蕾蕾，都蕾咪發索索索……

我覺得好玩，回家興沖沖問媽媽，一台鋼琴多少錢？媽媽說十幾萬……我當場哭出來（夢碎的哭聲）。

我最早接觸的樂器，是二舅送的舊口琴，高中、大學也參加口琴社，但沒忘記童年的鋼琴夢。當了幾年講師，時間跟能力都許可，二〇一三年我開始學鋼琴。

我從初階電鋼琴開始，跟一位才貌兼備的老師學琴。她在大直有一間琴房，學生多數是小孩，我是年紀最長的學生。我一週一次去跟她學琴，從看五線譜學起，練我想學的曲子。

要左右手配合，分別彈旋律跟伴奏不容易。但十幾堂課後，聖桑的〈天鵝〉我練起來了。那年聖誕，我試著錄音跟大家分享成果，前後錄超過一百次。

之後又練巴哈的〈C大調前奏曲〉，莫札特的〈小星星變奏曲〉前面幾段。因為喜歡鋼琴天然純淨音色，後來也入手一台中古鋼琴。

持續十幾堂鋼琴課後，能看譜練琴，我就自己練習，持續至今。期待有一天，指尖能流瀉出電影《新天堂樂園》的美麗配樂。

烏克麗麗與吉他

對我來說，不做A去做B就是休息。在大陸成立公司後，工作忙碌沒空出去玩，就想在密集工作中，插入一個能轉換注意力的B選項。

我喜歡音樂，想找一個輕便、容易攜帶的樂器，我想到烏克麗麗。相比吉他，烏克麗麗身形嬌小，只有四條弦。我學過吉他，感覺可以很快上手。我很快買了一把琴瘋狂自學。

我找譜，看影片，逛網站，知道很多烏克麗麗歷史、名家、名器。整個過程很像青少年玩電玩，上網找攻略、看直播主。我意識到：學習，是最好的回春術。

烏克麗麗世界，有四個知名夏威夷品牌，都是K字母開頭。我享受烏克麗麗音色，又欣賞製琴工藝，就想在四K品牌中，各搜集一把高階琴。

我在兩年內入手六把琴，其中一把，我親自飛大阪，跟老闆聊三個多小時才入手。另一把Devine，我直接跟夏威夷製琴師訂製，往返幾十封email，等了兩年才拿到。

每一把琴，都有獨特搜集故事、不同聲音性格，用金庸小說武器比喻：

有厚實破空，好像獨孤求敗的玄鐵重劍；

有輕盈矯捷，宛如小龍女的淑女劍；

有渾厚響亮，可比金毛獅王的屠龍刀；

有明亮自由，彷彿滅絕師太的倚天劍；

有聲走偏鋒，直逼金蛇郎君的金蛇劍；

有靈動跳躍，恰似洪七公的打狗棒。

故事＋時間＋製琴工藝，成就每一把琴獨特的味道。

烏克麗麗之後，我又一頭栽入吉他世界，見識各方吉他神人、名琴，知道很多典故、歷史，也開始另外一趟尋琴記。

我第一把馬丁吉他D45，是跟音樂人王治平老師買的，緣分獨特，等於老師幫我挑過。羅大佑老師形容D45說：「玩音樂的人要向人家證明，自己是玩真的，就要買一把D45。」

之後，在前輩吉他藏家李傑老師引薦，拜訪音樂人黃國倫老師，參觀老師將近兩百把吉他蒐藏。

那晚我們在老師琴房，從八點待到凌晨三點。國倫老師大方分享，前後拿出十來把吉他。每一把琴，說它的歷史，相遇的故事，親自彈奏，還讓我們把玩。親炙名琴，對比家裡那幾把吉他，忽然就明白什麼叫「六宮粉黛無顏色」。國倫老師對吉他的熱情、無盡付出，那種藏家級的浪漫，完全讓人折服。

尋琴之外，我也開始找老師學古典吉他，透過線上直播教學，精進琴藝。工作閒暇，聽著指尖流瀉出巴哈的《G大調第一號無伴奏大提琴》吉他版，非常沉醉。

咖啡

有一回在高雄開公開班，好友李柏翰先生，親自為大家手沖咖啡，教室盈滿咖啡香。學員無比喜愛，每個人都喝上兩杯。

我原本不喝咖啡，但覺得這樣安排太酷，之後每堂公開班，都請柏翰到教室泡咖啡。他的咖啡，與我之前喝過的都不同。口味好，有甜感，喝完不會心悸、睡不著。能為自己、好友手沖一杯咖啡，很酷。我買了簡易手沖咖啡器具，請他教我。

手沖咖啡要好喝，豆子要新鮮，要掌控研磨顆粒、水溫、水粉比、沖泡時間、沖泡方式。我開始練習，上網看很多影片，慢慢能泡出一杯好喝咖啡。

手藝提升，我逐步升級咖啡器具，又研究摩卡壺，也能煮出好喝的咖啡。後來我乾脆弄一個咖啡包，放入沖泡工具，常提著就去朋友家泡咖啡。

往下，要來學習義式濃縮咖啡，那麼朋友來家裡，就可以點咖啡。我每天，都從一杯咖啡的芬芳開始。那是我的儀式，喝完就跟自己說，要努力工作了。

游泳與潛水

我大學學會游泳，能游蛙式換氣。我喜歡游泳，運動量大，能鍛鍊心肺、手臂，又沒有跌倒風險。

有一段時間，我常跟好友跑新店游泳。我雙腳無力，游蛙式僅靠手臂，慢又費力。有位年輕教練注意到我，覺得我應該學自由式。

他教我自由式怎麼換氣，雙臂如何擺動，但我雙腳無法伸直浮起，下半身整個斜插入水，阻力大，還是費力游不快。教練想到辦法，他做一個浮板，兩端連結扣環，讓我夾在兩腳膝蓋，雙腳浮起。這一調整，我的泳速進入渦輪模式。

他又調整我手臂姿勢，雙手動作不是「摩天輪」而是「火車輪」。不是轉大圈圈，而是手臂向後彎曲提起，筆直前伸，斜切入水，像火車輪一樣帶動身體前進。

自此，我自由式游得快又省力。儘管雙腳無法打水，游得慢的常人，經常會被我超車。

二〇〇七年，朋友問，要不要一起泳渡日月潭？日月潭，開放湖面，筆直距離三千三百公尺，不像泳池淺，累了可以扶池邊站立休息。我行嗎？

我參加了。

當天跟一群朋友一早到池邊，我是第一批下水的。我穿上防寒衣、蛙鏡、泳帽、腳綁魚雷救生浮條，從朝霧碼頭出發。我慢慢游，沿途都沒上救生站休息，一路游到伊達邵碼頭。

很累，雙臂痠痛，但無比痛快。後來跟船回朝霧碼頭，大家在船上拍了合照。照片中，我看上去無比歡欣。隔年我們又去一次，這次我全程游自由式。

橫渡日月潭，解鎖。

有一回，跟一位講師朋友聊起我橫渡過日月潭的事，他問我，要不要去學潛水？於是我找大學同學蕭凱仁，和他們父子一起到墾丁台灣潛水中心，跟白金教練陳琦恩先生學潛水。

琦恩教學經驗豐富，推廣潛水無比熱忱，我身體狀況特殊，他必須依據我的情況，當下調整教學內容。我們先在泳池裡待了一天，訓練怎麼使用潛水裝備、面鏡排水、怎麼調整耳壓……

之後實際船潛。第一次從船上下海，潛到十八公尺深的海裡，在魚群中悠游穿梭，那種自在、無所拘束的感覺，非常美妙。

通過術科與學科測試後，我拿到 Open Water（開放水域潛水員）證照。之後不管到哪裡，只要租潛水設備，我就可以下水，可以海底世界移動，不用拐杖。

海洋潛水，解鎖。

手搖車

曾有醫生告訴我，小兒麻痺病患五十歲後，可能有後期症候群：容易疲倦、肌肉疼痛、肌肉無力。

不少與我同齡的病友，很早就開始坐輪椅。我不想太快坐輪椅，一直保持運動習慣，游泳或散步（一次兩、三公里）。後來聽說河濱公園有三輪手搖車可以租借，我就去試騎。

一騎，就喜歡上。手搖車運動量大，又能慢慢欣賞沿路景緻，很酷。

只是遇上斜坡，很辛苦。我都在河濱大佳站租車，往東騎，沿路有個斜坡，不算陡，但五十公尺前我就得拚命加速，才能一口氣衝上去。衝上之後，氣喘吁吁。

我考慮買一台車隨時運動，但斜坡是個難題。

當時我住汐止水蓮山莊，從山下到家裡，有一段很長斜坡，僅靠雙手，不可能騎上去。我得考慮電動版本（一樣要手搖，才能啟動電力），台灣有。

我遲遲沒下手，因為不管手搖版、電動版，看起來都像是給病人騎的。能運動健身，但不酷。

我是不方便，但不方便這件事，不需要連騎個車，都昭告天下。我好奇，國外身障人士騎手搖車嗎？他們的車子會不一樣嗎？我上網搜尋。一查不得了，好多酷炫手搖車。

台灣的手搖車，都是坐著騎，身體呈ㄣ字型。國外的手搖車比較低，也坐著騎，但是雙腳伸直平放，呈L型。我是外貌協會，雖然人不方便，也想用酷炫好物，追求「輝勛」（Fashion）的感覺。

我給國外廠商寫信，找到一家經銷商，可以把車寄到台灣。經過無數次信件往返，確認電動版規格，又因為空運電池，航空公司諸多要求，等了半年才收到。

我收到未組裝版，好友王寵賓先生，專業腳踏車店店主，細心為我組裝，又加裝可以放拐杖的配備、照後鏡、車燈、水壺架……二〇一六年夏天，新車上路，前後花了八個月，多五倍費用。

這樣酷炫的藍色手搖車，全台灣應該只有一輛。我騎在路上，常聽到小孩驚呼：

「爸爸，你快看！好酷的車！」

車停路邊休息時，也有好多人會過來搭訕，問這台車哪裡來的？費不費力？有沒有電池？

引人注目，不是我的目的。我覺得任何人能力許可，都有權用自己覺得美善的東西，就算是一位不方便的人，他的行動或許次人一等，但他的權利，與眾生平等。

我在課堂上，偶爾會分享這個故事。

我說這是設計的力量，像我這樣的人，想的不是有台車可以騎，而是要能酷炫移動。創造酷炫，就能多出五倍價值。

因為電池輔助，我可以騎得更遠。我經常在週末，從汐止騎到淡水，來回六十公里。最遠一次，跟朋友騎到桃園機場附近，來回一百一十公里。

下一個目標，要挑戰騎車環島。

MV演員

在滾石，除了專業鍛鍊外，我最特別的經歷，是客串MV演員。

企劃民歌產品時，我受到馬宜中導演許多幫助。她是早期民歌手，後來轉為導演，幫滾石拍了非常多動人ＭＶ。當時，周華健先生新歌〈有故事的人〉，找馬導拍ＭＶ。

馬導想拍不同人的情感經歷，凸顯他們的故事，包括同性戀，包括一個女生跟一個行動不便的男生。馬導找上我。她先前幫我許多，要我做什麼，我都兩肋插刀。拍片那天一早六點，我們來到長春路跟中山北路口，我當天才見到合作女演員楊蕙禎，一位開朗、愛笑的模特兒。

我們戲份單純：上班途中，我背著書包，她陪我走一段；我停下，拿包裡的東西，她接過我的背包背著，我們繼續前行，畫面帶到我們的背影。

三十分鐘不到，就拍完。後來在ＭＶ中出現約十來秒。馬導用簡單無比的情節，藏了許多故事，引人揣想。

兩人走在一起，之前穿越多少考驗？面臨多少不解？在一起獲得祝福了嗎？日後挑戰又如何共同面對？

ＭＶ完成後，我跟蕙禎成為朋友，她養了一隻內向大狼狗，我們出來見過幾次面。之後她遠嫁加拿大，我們繼續透過臉書，當遠距臉友。

奇妙的是，沿著這首歌預示，我也慢慢成為一個「有故事的人」。

MV演員，解鎖。

微電影

我下一個跟影像有關的經歷，是微電影。在花旗很照顧我的總經理周瑞青女士，介紹她讀電影的兒子 Douglas 給我認識。

我是大叔，他是熱血青年，我們卻很有話聊。Doug 有許多電影夢，我恰好在寫一系列街頭愛情故事，他覺得這些故事，很適合拍微電影。他有電影圈人脈，我有故事，於是我提議：「那就來拍吧。」

二〇一三年春天，我跟他去台北藝大旁聽編劇課。之後開始改編劇本，把後續所有可能想過，寫成完整企劃。接著找製作人、演員、造型師、攝影、燈光音響、拍攝地點、贊助商……

第一個故事《愛情走過青田街》，講一對戀人因故分開，卻依然眷戀對方。我跟 Doug，投入很多資源跟時間，想把影片拍好。我甚至寫歌詞，Doug 找專業音樂人譜曲，由男主角主唱，剪出MV。

所有拍片流程，我完整走過一遍。演員甄選，跟演員過戲；拍攝道具、服裝準備、燈光、收音設置；影片後製剪接、配音、混音、調光；影片宣傳、首映，我都全程參與。

我們熱情、誠意滿滿，但經驗不足，拍好的影片，並未獲得預期迴響。影片發表後，不免聽到一些批評。

我們當然有很大的進步空間，但相比那些批評者，我們至少領先他們一部微電影。我當自己繳了學費，修了一堂電影實作課。

拍微電影，解鎖。

20 旅行（上）

未知，才能帶給我們驚喜。最美的風景，經常是迷路的時候遇見的。

接下來我想跟你分享，我出國旅行的經歷，特別是幾次自助旅行。有別於一般的旅行紀事，我重點會放在，自己因為不方便，特有的經歷跟感悟。

出發吧，第一站先去巴黎。

巴黎

你第一次出國，幾歲？我三十歲，一九九六年初夏去法國，公司招待。

當年民生報每年會回饋廣告大戶，提供旅遊招待。滾石有兩個名額，我企劃的民歌商品大賣，老闆為了獎勵我讓我去。

我很開心，也很緊張，去參加行前說明，內心忐忑。

行李上下巴士怎麼辦？要是必須拉行李走路，怎麼辦？走太慢，耽擱到大家行程怎麼辦？自由活動，萬一迷路怎麼辦？

一切顧慮，都是多餘。導遊林大哥，大我十歲，帶團經驗豐富，又很會說故事，為了照顧我，每個住宿點，都安排我跟他同一間。

我們那團有很多業界高管，我年紀最小，是唱片圈菜鳥，行動又不方便，大家都把我當小老弟照顧。行李根本輪不到我拿，上下交通車、自由活動，左右都有大哥當護法。

過往，花都巴黎於我，只存在書上、螢幕上。而今我雙腳踏上，呼吸法式空氣，感受法式浪漫……

我印象最深的，是在羅浮宮，我在一大群人身後，遠遠看著〈蒙娜麗莎的微笑〉。一位法國媽媽，推著娃娃車，帶著她一歲多的娃娃，也在看蒙娜麗莎。

蒙娜麗莎，是小娃娃從小的日常，我卻到三十歲，飛了將近一萬公里才能造訪。不容易，但我還是跟法國小娃娃，平起平坐了。

短短一週，在巴黎三天，又去馬賽、尼斯、諾曼第，受同行大哥許多照顧。我不禁想，如果不跟團，我一個人能獨自在國外旅行嗎？

布拉格

我在花旗銀行認識了好友劉瑞麟先生（Jason），我們都喜歡米蘭．昆德拉，都萌生去拜訪布拉格的念頭。

二〇〇一年，他有位同學尼可拉斯搬到布拉格，邀他去玩，可以住他公寓。

Jason 問我，要不要一起去？他計劃先到布拉格，再去巴黎，住我們共同好友 Sean 以及 Amy 夫妻家（Amy 後來成為台灣區以及大中華區 L'OREAL 總裁，當時全家移居巴黎，在總部工作）。

我當時在蕃薯藤職務轉換，老闆給我一個月長假。我說一塊去，巴黎之後，我再一個人去倫敦。

我們先到倫敦再飛布拉格，我的旅館在舊城區廣場附近，一晚二十美元含早餐。Jason 每天都來找我吃早餐，再決定當天一起走，還是各走各的。

獨行，我有兩次難忘經歷。一次週日，我在布拉格街頭，走著走著，拐杖頭被我走穿，鐵管直接裸露在外。那很危險，遇到平滑石子路，角度大一點，就直接滑出去了。

禮拜天多數商店都沒開，我又一個人，只能自己想辦法。唯一還開店的只有百貨公司，只能過去碰運氣。我拄著拐杖，緩慢碎步，搭地鐵前往。

到了百貨公司，心想，體育用品部也許有機會。

逛了一圈發現一個好東西，腳踏車握把，拐杖剛好可以密合塞進，但握把底部太薄，一下就會被拐杖重壓穿透，怎麼辦？

我四處張望，看到羽毛球，眼睛一亮。

把羽毛球球頭裁下塞進握把，說不定可行。於是在百貨公司外的行人座椅上，我用隨身瑞士刀，加工了一個臨時的替代拐杖頭，為了怕鬆脱，還用手帕纏繞綁緊。

克難拐杖頭，讓我撐到巴黎，在一家藥妝店，換了全新拐杖頭。

那次經驗很珍貴，我做了一個替代品免於滑倒，又學到一種解題思路。

我要的是拐杖止滑，而枴杖頭並不是唯一解。一直把眼光放在拐杖頭，就看不見其他可能。

清楚目的是什麼，你就不會被一個產品局限。

另一次經歷，是去一個叫「Flora」的地鐵站。

那是布拉格眾多地鐵站名中，我唯一看得懂的。我不知道當地有什麼，純粹看得懂站名，剛好有位同事叫 Flora，就決定去看看。

出站後我望向兩邊，一邊工業區，一邊公園。我往公園走，進園才發現，那不是公園，是墓園。

墓園，卻沒有讓人害怕的死氣沉沉。相反，氣氛寧靜安詳，陽光透過樹隙灑下，落地光影美若剪紙，現場花草樹木繁茂，更是意外生機盎然。是逝者滋養了園林？

我信步走著，端詳每塊墓碑。有些墓碑會放照片，男女老少都有。

墓碑告訴你這裡躺著誰，何時出生，何時逝去。有些人存在橫十九、二十世紀，有些夫婦葬在一起，有高壽逝去，也有小孩據去墓園一方。

原本只想隨便看看，卻被靜謐的歷史氣氛吸引，一直往墓園深處走。不管曾經如何風光、潦倒，現在都安靜躺在墓園。

死亡，讓大家寧靜地平等。墓碑像石製名片，版面有限，解釋由人，交代不了的，只能一起埋葬。

我在墓園走了一上午，宛如參觀一座亡者博物館。一直想著大衛．奧格威（David

Ogilvy）說的：「活著，要盡可能快樂，因為你會死很久。」

再訪巴黎

布拉格之後，我跟 Jason 到巴黎，住 Sean 與 Amy 家。

Sean 是我花旗上一屆的 M A 學長，有聚會都找我參加。他與 Amy 是小學同班同學，青梅竹馬式夫妻，非常善待朋友。他們家，在巴黎一棟屋齡超過百年的公寓高樓層，很有味道。

我幾年前跟團來過巴黎，這次純自助，可以自由探索。我很快摸熟巴黎地鐵，獨自去了羅丹博物館、奧塞美術館、龐畢度中心。

我讀過羅丹與卡蜜兒的故事，也在書上看過羅丹雕塑。實際看到〈沉思者〉、〈巴爾扎克像〉、〈地獄門〉、〈加萊市民〉、〈吻〉、〈三個影子〉……那些栩栩如生的人物，企圖掙脫塑材桎梏奔赴現實，我非常感動。

奧塞美術館，最激動的是看見梵谷原作。他的〈自畫像〉、〈在亞爾的臥室〉、〈隆河上的星夜〉、〈向日葵〉……我在每一幅畫前端視良久，詳看筆觸、構圖、色彩。想著在畫布前，一筆一筆畫下這些作品的梵谷，懷抱怎樣心情？

他在世幾無知音，畫作沒人買，更無緣知道日後，作品會被博物館收藏，吸引萬千仰慕者前來凝望。他沒沒無聞死去，死後卻家喻戶曉，活在無數粉絲心中。

在龐畢度中心，恰好有希區考克特展，我用一下午，認識這位懸疑電影大師。

我享受獨自探索。

與人同行，老怕自己動作慢耽擱別人，總是提速走路，緊盯腳下，不見其他。獨自走，無此顧慮，可以心無旁騖，按自己節奏欣賞周遭。

巴黎街頭，很有「味道」。常看到騎機車公務人員，後座載一大箱，不時在路邊停下，拿出一個類似吸塵器的長柄。

原來，是清理狗大便。巴黎人愛遛狗，但不愛清狗大便。為了維持街頭「味道」純粹，有這樣的清潔騎士。

住巴黎那一週，我最喜歡的食物，是簡單不過的長棍麵包。

每天一早，Sean會去住家附近，買剛出爐的麵包，表皮酥脆，內裡鬆軟。初咬，先感覺到麵體在口中「破碎性骨折」；逐次細嚼，靜雅麵香與甜感，像朵麵包花在口中漸層綻放，一路蜿蜒，像條味道小溪，把香氣送進汪洋大腦……簡直是另類的顱內高潮。

倫敦

巴黎之後，我獨自飛倫敦，一個人自助旅行。我沒事先訂房，只知道帕丁頓（Paddington）附近很多 B & B，就搭地鐵過去碰運氣。

到站發現沒有電梯，得爬樓梯出站。

拖著行李，不容易。一位紳士看見我，幫我把行李提上一樓，然後行李放著，人就走了……我心裡一緊，加快爬梯又緊盯行李，可不要有人順手把行李拉走啊。

還好。我拉著行李沿路找住宿，問了幾家，都沒空房。好不容易來到一間，老闆是上了年紀的印度人，剩四樓一間空房，沒電梯。

「那麼，」我問：「能幫我把行李搬上四樓嗎？」他說可以。

我住下，開始探索倫敦。我去了倫敦塔橋、西敏寺、特拉法加廣場、大笨鐘、海德公園（坐在一株樹下良久，思索人生）。

Jason 提醒我，到倫敦，有機會多看音樂劇。我看了《悲慘世界》，二刷《歌劇魅影》。

在倫敦，最獨特的經歷，是在大英博物館外。之前天天大量步行，右手掌已經磨出水泡，得穿半截式手套防護，小心不要碰到。

那天參觀完大英博物館，已經下午兩點，我想找地方吃午餐，結果在街邊跌倒。我往前趴下，右手直接著地，恰好碰到水泡部位，疼痛無比。

當下覺得，夠了，真的夠了，不要再走了，休息一天不會怎樣。我午餐沒吃就回旅館，窩在房間，從下午到晚上，寫了一篇故事「悲傷練習教室」。

一個人在外，雖然不便，但英語溝通無礙，還是找得到人幫忙。

倫敦之旅結束，我知道，獨自出國旅行沒有想像中困難。面對未知，大家都恐懼在先，但相較已知的重複、例行公事，未知，才能帶給我們驚喜。最美的風景，經常是迷路的時候遇見的。

葡萄牙

後來，我成為 Jason 的媒人。

有回他在基隆家辦餐敘，我找共同好友 Louisa 一起去。吃完飯，我們去附近寺院散步，他帶了滑板車，在寺院外一個長斜坡，耍帥往下滑。

結果中途翻車，整個人滾了幾圈才停，滿臉是血。大夥衝過去看他傷勢，我趕緊開車，與 Louisa 及一位朋友，送他去基隆長庚急診。

一個多月前，我才在金瓜石跌倒摔傷下巴，到長庚急診縫了幾針。那天在急診室，竟遇到同一位醫師，他一見我就問：「你怎麼又來了？」

我說：「醫師你服務好，給你介紹客人。」

醫師立即做了外傷處理，Jason 整個頭包得像木乃伊。

他得回台北老家休養，讓媽媽照顧。Louisa 會開車，就開他的車送他回台北。兩人因為這段溫馨接送情，結為夫妻。

二〇〇五年，他們想去西班牙、葡萄牙旅行，邀我一起去。

我們先到葡萄牙里斯本。

葡萄牙人，有一種謙和有禮的沒落貴族氣息。金碧輝煌褪去，良好教養仍在，看上去不像貴族，但藏不住昔日光彩。

提到歐洲，大家先想到德國、法國、英國、義大利、瑞士、西班牙……葡萄牙不算主角。用群戲比喻，她不是女一、女二、女三……可能是女十幾，自覺、不搶戲的女十幾。她安於自己的位置，對成為焦點不感興趣。鎂光燈，她留給主角們去搶。

在葡萄牙一週，有一晚，我們在一家小酒館聽了「法朵」（Fado）。

Fado，命運之歌，聽來像泣訴，動人悲愴，是傳統葡萄牙樂曲，源自古代水手，對愛人、故鄉的牽掛想念，對命運的感嘆叩問。因為學過吉他，我對現場演奏的葡萄牙吉他非常有感。

相對於吉他的葫蘆身形，葡萄牙吉他是梨狀型，十二條琴弦，聲音高亢、清亮、淒美。樂手撥弄琴弦，那聲音性格，好容易讓人聯想起，白居易《琵琶行》的江舟怨婦：

商人重利輕別離，前月浮梁買茶去……夜深忽夢少年事，夢啼妝淚紅闌干……

當時，差點衝動買一把琴回家。

另一天，在一家餐廳，同團朋友點了多道菜分食，想跟侍者多要些碗跟叉子，但他聽不懂英文。結果，他竟打給一位能講英文的好友，讓好友跟我們說，最後拿到餐具，我們爆出歡呼掌聲。

他笑得無比開心。

西班牙

之後去西班牙，印象最深是搭臥鋪火車，前往巴賽隆納，看高第建築。行前，我對高第建築做了功課，覺得他是一個執意把童話建築，搬進現實的人。他的建築，不管放到哪個城市，都是不可能無視的耀眼存在。

我們從奎爾公園開始。書中自有糖果屋，但建築師把糖果屋，從童話書搬進現實，什麼用意？要提醒我們，即便成為大人，也要在心裡空出一個童話角落？

然後是米拉之家。

外觀看上去，像一段海浪被固化彎曲，又垂直九十度立起……微幅起落的波浪線條，標示樓層；陽台欄杆，則是懸浮其上的海藻……好特別。

來到屋頂天台，看似外星人頭部造型的石砌煙囪、通風塔，這是怎麼回事？難道高第跟外星人，有過第三類接觸？

我爬樓梯不便，館方特別開放電梯讓我搭乘，電梯近百年，依然運作正常。天台下的鯨魚閣樓，也無比獨特，其中有許多高第的建築模型、設計圖紙。

米拉之家後，是聖家堂。

聖家堂，應該是全世界最有名的「工地」了（唯一還是工地，就被列為世界遺產的建築）。一八八二年開始修建，預計二〇二六年，才能完成尖塔和大部分教堂的結構。

那一年，恰是高第逝世百年。

要構畫一棟教堂，死後一百年，主建築結構才能完成，是怎樣的心情？

真有人問他，為什麼蓋教堂要那麼久，還不知道什麼時候完工？高第說：「我的客戶並不急。」

他的客戶是上帝。

聖家堂之於高第，像一個未出生的遺腹子。他知道自己無緣一見，卻仍對孩子懷著巨大的愛與盼望。

回顧西班牙旅程，最鮮明的，是巴賽隆納的高第與他的建築。

要讓世人記住一座城市，只需要一個夠獨特的人。

西葡團旅行，我最大的收穫，是同團夥伴後來都變成好友。我們一起探訪的，不只是各地景點，還有彼此的人生。回國後，我們每年聚會，感覺那趟旅行還在繼續。

最棒的是，這些「朋友景點」全在台灣，隨時可以拜訪，不像西葡那樣遙遠。

21 旅行（下）

如果有人從你眼前走過，需要幫助，請不要讓他空手離開。

芬蘭

二〇一一年，大學同學蕭凱仁到 Nokia 芬蘭總部工作，安定下來後，打電話給台灣親友，歡迎大家去找他，可以住他公寓。

他朋友中，我是唯一講完電話，隔天就去訂機票的人。

我六月中前往，從曼谷轉機，飛赫爾辛基。清晨抵達機場，搭計程車前往同學公寓。一見到同學，熱情擁抱，滿滿他鄉遇故知的激動。

同學平日上班，我獨自探索，假日一起出遊。

我喜歡芬蘭人，他們對觀光客很友善。

我曾在一家眼鏡行外看地圖，店員走出來，問我要去哪裡，她告訴我怎麼走。

另一次，我獨自坐巴士，來到一座很美的古城波爾沃（Porvoo）。市區一條河貫穿，兩岸有七彩房子，像上帝擰碎了彩虹，色塊掉落人間，在河的兩岸堆疊出一棟棟繽紛建築。

我沿河畔不斷拍照，一位年輕女生朝我走來，見我獨自一人就說：「我幫你拍張照！」

幫助來得自然，無須開口。

出門旅行前，我換用美國的新拐杖，結果在赫爾辛基走沒幾天，拐杖頭又走穿了。這次很幸運，同學在身旁，附近又恰好有體育用品店。

我找到近似的代用品，想多買，但店家只剩一個，便幫我聯繫原廠，給我電話跟地址，有急需可以過去。

還有一次，我跟同學在一座古堡前，遇到一群人扮裝成古代戰士，其中一位穿著像將軍的年輕人，拿起木劍放在我頭上，為遠道來芬蘭的我「封爵加冕」。

我看見其中一人拿ＨＴＣ手機，便驚喜過去跟他說：「ＨＴＣ是台灣品牌，我們從台灣來。」

結果他說著HTC，豎起拇指；說著Nokia，卻倒豎拇指……令我驚訝。後來在創意課堂，我常用這個故事破題，闡明創新的重要。

湖泊與聖誕老人

芬蘭號稱千湖國，有一回我們搭巴士前往努克西奧國家公園（Nuuksio National Park），園中有一座湖，可以游泳。

我下水游起蛙式，雖是六月仲夏，湖水依然冷冽，陽光沒灑到的湖面，冰冷刺骨。感覺像從冰箱冷藏室，游到冷凍庫。

我趁天晴，來回游了幾次，搭配現場芬蘭青少年的嬉鬧，體驗獨特。橫渡過日月潭後，芬蘭的國家公園湖泊，我也游過了。

在芬蘭最獨特的經歷，是跨進北極圈，拜訪聖誕老人。

我獨自搭車到坦佩雷（Tampere），在當地逛一天，準備晚上搭臥鋪火車，前往羅瓦涅米（Rovaniemi）聖誕老人村。

傍晚，車站附近一處教堂，有青年管樂隊演出。時間來得及，我就進去聽了一場熱鬧音樂會。

我的火車班次晚上十點半，候車人不多，我一人包下一間臥鋪車廂。整夜我睡睡醒醒，不時望向窗外。

抵達羅瓦涅米，時間還早，接駁巴士還沒開。我在車站外閒晃，氣溫只有八度。巴士發車，來到聖誕老人村，入園第一個熱門拍照景點，是一條界線，標示北極圈，圈內圈外，以這條線為界。

多數人都是雙腳橫跨線的兩端，拍照打卡。我也請人幫我拍一張。

入園重點行程，是拜訪聖誕老公公。

先走一條「密道」，來到聖誕老公公「辦公室」，他坐中央，工作人員引導你坐他旁邊，一起拍照。

大老遠來北極圈，見到傳說中的聖誕老公公，我心情興奮。

我在他身旁坐下，他試著攙扶我，聲音滿是笑意。我說我從台灣來，他說：「非常歡迎（呵呵笑聲不停）。」

前方攝影機一連喀嚓，拍完，我謝謝他跟他道別，歡迎他來台灣玩，他回應：

「See you December!」

那組照片，完整版四十九歐元，我買了。沒想到能走這麼遠，做個紀念。

園中另一個有趣體驗，是寄明信片。明信片有兩種，一種即期抵達，一種是十二月才寄出，讓收件人聖誕節前收到。

我給多位親友寫了即期明信片，給自己寫了一張「聖誕卡」。感謝自己勇敢出發，來到北極圈，領受聖誕老人祝福。

斯德哥爾摩

旅途中間的週末，同學帶我搭郵輪，去瑞典斯德哥爾摩。我們下午上船，傍晚遇到大風浪，吃晚餐時，餐具不停晃動，像一場地震晚餐。

所幸隔天抵達，天氣晴朗。

斯德哥爾摩，街景極美，聽說宮崎駿《魔女宅急便》在此取景。

《魔女宅急便》，是我接觸宮崎駿的第一部動畫，印象極深。雖是初次造訪，斯德哥爾摩卻給我一種意外的熟悉感。好像城市從螢幕動畫跳出，走入現實。

好像一抬頭，有機會看見魔女琪琪，騎著掃帚運送人們委託的快遞（如今，她可能需要一支魔女快遞隊，因應接不完的生意）。

我記得我在一座古堡前遠眺，對岸美麗建築，被我像風景明信片一樣定格下來。

我喜歡斯德哥爾摩的氛圍，安靜大度，像生過幾個孩子的媽媽，你玩什麼把戲，都驚動不了她。

愛沙尼亞

行前做功課，我查到愛沙尼亞首都塔林（Tallinn），離赫爾辛基很近，搭船一個多小時能到，便計劃拜訪。

一天，我一大早獨自搭船，前往塔林。抵達後，搭公車前往舊城區。

我計劃當天來回，晚上得再搭船回赫爾辛基，八點的船班。比較妥當的安排，是六點從舊城區出發回到碼頭，留點餘裕吃晚餐，但我不知道公車班次時間。

下車前，我問司機公車班次，但他不會說英文。我只好換一種問法，是否下午六點能在這裡，搭到公車前往碼頭？

我重複幾次「six pm, here」並搭配手勢，見他點頭，我謝謝他才下車。

他雖然點了頭，但我不確定他是否真的理解。六點原本就有班車會到？還是他原本排班，六點會到這裡？

先探索古城再說吧。

觀光客很多，我在古城隨意慢步，拍了非常多照片。中午又在廣場旁露天餐廳，吃了豐盛午餐。接近傍晚，我五點半從古城區離開，五點四十五到早上下車地點。公車會來嗎？司機自個來，還是交代別的司機？六點過後車要是沒來，要再等多久？還是沒來，怎麼叫車去碼頭？

快六點，早上那位司機開著巴士出現了！

我心裡一陣歡呼，一上車對他不斷感謝。往碼頭一路，他沒有停靠任何一站，完全沒有別的乘客，也就是說，我搭的是「專車」。

下車那一刻我真的快哭了。

說不定他早該下班，卻還是開著巴士，只為載一個遠從台灣來的不便乘客去碼頭……他如此守諾，我感動莫名。我一上車就付了四歐元車資，下車前越想越感動，又掏出五歐元給他。

我告訴他，我來自台灣，歡迎他來台灣玩。我不知道他是否理解，但他開心問我：「Go down good?（下車沒問題嗎？）」我說：「No problem!」

你意外這一段，我沒著墨太多塔林景點嗎？

塔林最美的景點，是巴士司機啊。

兩個禮拜的北歐之旅，這樣的天使，我遇上很多。同學蕭凱仁，更是大天使。他追求自由，喜歡探索，給家人同樣的空間；他孝順父母，常南下嘉義，照顧雙親；他把生活過得恬靜、開闊、又豐富。

想起當年旅行，真的覺得，他宛如哈伯望遠鏡，讓我看見，此前未見的美好。

日本

我喜歡日本，欣賞日本的文學、料理、文化，卻到二〇一六年冬天，才初次跟團去京阪神。

那是典型觀光購物團，走馬看花，很多時間都坐在巴士上。導遊先生有點年紀，認真，但介紹景點像唱安眠曲（不能按暫停）。下車處不是景點、餐廳，就是賣場。

我很快明白，就算到一個語言不通的國度，我還是不適合跟團。

記得到大阪城，我從停車場快走到景區，就花二十分鐘，待不到半小時，又要匆忙快走回停車場。

雖不自由，但我還是想辦法找樂子。

旅遊時，我常會注意特別的人，揣想他們背後，有什麼故事。那趟旅程，最難忘的是奈良東大寺。寺廟建築、寺內大佛、寺前梅花鹿圍著觀光客討仙貝吃，都讓我印象深刻。

我留意寺廟工作人員、小販。整天面對觀光客、鹿群，私下，他們會做什麼呢？後來我寫了篇故事：

寺廟裡一些工作人員，能跟鹿群對話，被稱為「鹿譯人」。每年年底，他們接受寺方委託，對寺廟鹿群進行績效考核。攸關來年，能不能續留東大寺、吃好吃的鹿仙貝，鹿群都慎重其事……

第一次日本行不算盡興，但日本風土人情、食物，我都喜歡。當時好友何榮樹（Kevin），因為關注日本房產，常去東京，覺得東京適合自助。

二〇一七年冬天，他找我一起去東京。他固定住泉岳寺站APA飯店，從羽田機場，搭京急線到泉岳寺，飯店就在地鐵站出口旁，很方便。

東京地鐵路線繁複，有資深導遊在旁，我開啟「路痴模式」，聽憑帶領。我們去晴空塔、明治神宮、代官山、新宿、台場、橫濱……還去清澄白河，造訪藍瓶咖啡。

我們吃庶民料理，丼飯、拉麵、茶泡飯、蕎麥麵。飯店旁就有一家二十四小時營業的平價丼飯連鎖店，炸牡蠣丼飯，美味好吃。最奢華一餐在築地，為了答謝Kevin，我請他吃海鮮大餐。

之後，我跟他們家人再次去東京，有幾天我獨行，慢慢熟悉東京地鐵，覺得可以一個人來。後來真的獨自飛東京，自助旅行。

上野公園

我喜歡上野公園，園內開闊，又有多間美術館、博物館，以及動物園。

有一回，上野之森美術館展出荷蘭畫家維梅爾作品（最有名畫作〈戴珍珠耳環的少女〉），我幸運躬逢其盛，看到他幾幅名作：

〈倒牛奶的女僕〉、〈寫信的少女〉、〈紳士與飲酒的女人〉、〈寫信的女子與她的女僕〉、〈老鴇〉、〈戴紅帽子的女孩〉……每幅畫作前都擠滿人，我卡到觀賞位置會聽導覽，久久凝視畫作。

現場很多日本老先生、老太太，甚至坐著輪椅也要來看。年紀再大，都不能停止好奇、探索、學習，對吧。

另一回，園內東京都美術館，展出倫敦科陶德（Courtauld）美術館經典館藏，有好多印象派大師作品。

看到的第一幅是梵谷的風景畫，然後是莫內、塞尚、高更、竇加、雷諾瓦、秀拉⋯⋯很多以前我們在書上看到的名作，真跡在前。我滿激動的。

我知道印象派崛起那段歷史，在那個古典主義當道，講求畫什麼像什麼，畫筆要像照相機快門的年代，這些「印象派」傢伙畫的東西，到底什麼鬼？

畫家們只好不斷辦展，推廣印象派，才有後來的大師跟經典畫作。那些畫作，適合洗滌靈魂。

上野動物園，我也去了。我不是想看動物，是想看大人在動物園遛小孩。

認真思考過「動物園」的人都明白，動物園是另類動物監獄，為了人類觀賞方便，裡面的動物都在服無期徒刑。

我印象最深的是，一個大籠子關著兀鷹，獨自站在一根木樁，籠子外一隻烏鴉ㄚㄚ高聲飛過，那一刻，兀鷹會羨慕烏鴉嗎？

飛禽區，一位小學低年級女孩，隔著玻璃，對著一隻鳥寫生。

她先畫一個橢圓當身體，在橢圓左上角，畫一個小圓當頭，小圓上方，兩個細長三角當頭冠，小圓左方一個細三角當鳥嘴，然後補上眼睛，接著在身上畫一堆小螺旋當羽毛……

前後不到二十秒……那隻鳥，被她翻譯成幾個簡單幾何，降落在畫紙上。畫一隻鳥，是那麼自然。真希望所有覺得繪畫很難的人，都能看到小女生現場寫生。

小女生讓我明白，畫家，是一種開「紙上動物園」的人。他們捕捉自己看見的，定格在畫紙上。

女殺手

在日本，我比較少感受到，個人作為個體的獨特性，更多是，他是某某組織的一份子。多數人，都有一種氣質：必須盡忠職守，對得起組織跟崗位，盡量不要給人添麻煩……每天活得那麼高標、緊繃，太辛苦。

他們私底下，應該有不同的樣子吧。我總會想像那份不同，想像體面外表下，眼前這人有份神祕兼職，與我擦身後，就準備去執行任務。

有回跟 Kevin 在品川車站咖啡館，看見一位ＯＬ，我想像她是一位殺手。

她固定每天這時段來喝咖啡，如果當天加點一份牛肉可頌，代表她有任務。喝完咖啡，被鎖定的人，生命進入最後十二小時倒數。

她行動俐落，過去五年沒有一次失手過。最近她感到倦怠，想金盆洗手，又擔被組織滅口，成為另一名女殺手鎖定目標……

另一次，在沖繩捷運車廂，一位剛下班的公主型OL上車，我也把她想成另一名殺手。

一般殺手低調，她卻刻意打扮。

你看她傍晚搭捷運，穿白底花卉裙、黑短袖上衣，梳公主頭，配兩個橘色鬆餅狀耳環，拎一個藍色包、一個紙袋，以為她是剛下班、採買完的上班族；夜裡，她卻搖身一變，成為冷面殺手。

讓你以為她是好人家女兒，像個有教養的公主，是她的保護色。她身手極好，女殺手集團排名第四。

排第四，不是身手不夠頂尖，而是沖繩需要處理的人，不夠多。

不要在沖繩作惡，也不要認為作惡後會沒事。小心公主殺手，就在你身邊……

後來在麻布十番的拉麵店，殺手集團老大，也讓我找到原型。

一位看來有型的中年父親，帶著穿粉紅外套的女兒來用餐。女兒十歲左右，看起來慧黠，有超齡感悟力，不時望向我。

中年父親是殺手集團老大，幾年前，旗下女殺手內鬨，他親自出馬料理其中一位。有時候想做好一件事，就得自己來。但上了年紀，必須培養接班人。外人不可靠，還是女兒好。女兒三歲起，他就開始訓練，培養她對身邊的人跟環境，有敏銳洞察。幾年過去，有點樣子。

比方來到這家拉麵店，女兒很快能看出，店裡哪個人可能有問題：來尋仇，來跟蹤，來發現他們殺手世家身分。這是十歲女童進門，不時打量我的原因……

這是我在日本，獨特的旅行方式，算入境隨俗。

在日本，人們總是同時活現實、虛擬兩個世界。

在電車上，你看著一個人拎著公事包走出車廂，匆忙趕向目的地；一抬頭，就在車廂螢幕，看見皮卡丘、馬利歐、進擊的巨人……完全沒有違和感。

所以，神祕女殺手出現在旅程中，也沒有違和。

三位印度青年

最後來說一件我遇上，你不見得能遇上的事。二〇一八年初夏，我因公務去新加坡，在一個捷運站下車，被三個年輕的印度人攔下。我很意外。我獨自一人，對方年輕壯碩，不免心頭一緊，要幹嘛呢？

他們的印度腔英文，我一開始沒聽懂，等我聽懂，更意外了：「我可以為你的雙腳禱告嗎？」

從來沒有人這樣問我，「Yes, of course!」

說話的那個年輕人，領著夥伴，按住我左肩，喃喃禱告三十秒。禱告結束，他們三個看起來很開心，我也是，熱誠謝謝他們。

我很感動，他們不只為我禱告，還幫我上了一課。他們不管自己是誰，不管我是誰，只看見自己能為我做什麼，就衝出來了。

那之後，我都在車上放一疊一百元鈔票。路上遇到有人賣玉蘭花，我就一次買一百元（有一回買了一千元，讓冬夜賣花的老太太，提前下班）。

這是他們教我的。

如果有人從你眼前走過，需要幫助，請不要讓他空手離開。

回看台灣

三十歲第一次出國至今，我去過十四個國家，多次自助。我很感謝我有機會四處旅行，看不同世界的人怎麼生活。

每回旅行結束前，都無比想念台灣。儘管台灣有很多問題，但我真心覺得，住在台灣很美好。

我到哪裡都不算方便，但我可以告訴你，台灣，是一個「天使密度」很高的地方。

旅行，有時候是為了拓寬眼界。

有時候，是隔著距離讓你明白，你住的地方，有多美好。

22 地球旅行者的體悟

我過往的想法、信念、期待，都像一個ＡＰＰ，我可以安裝，也可以「解除安裝」。

來到地球旅行五十五年，這一章，我想和你分享，我身為旅行者的一些體悟。

看待身體

從小，身體不便，常在特定場合，令我焦慮。搭公共交通工具，是一種。上下車當然不方便，主要是從台北回台南，一過嘉義，就開始緊張。我怕動作太慢，來不及下車，會坐到高雄。

搭捷運，短程我就站著（坐下、起身都慢，怕列車突然啟動）。長程即便坐著，也提前一站起身。

搭飛機，如果不直接從空橋登機，要搭巴士去停機坪，上下巴士、爬樓梯上飛機，對我也不容易。

交通工具之外，另一個容易讓我焦慮的，是社交場合：新朋友會怎麼看我？我該如何跟他們相處？說什麼話比較恰當呢？

我的不方便真實存在，因為不方便衍生無數內心戲，也真實存在。我是經歷多了，內心戲煩了，找到應對之道才稍微自在。

別人怎麼看我、對待我，取決於我怎麼看自己、對待自己。如果我輕鬆、能開玩笑，他們也會輕鬆，放寬尺度。

我大學開始看舞台劇，看多了有個體悟：身體只不過是一件戲袍，一個好的演員，不會讓戲袍影響他的演出。

後來，我想到另一個比喻。我像太空人，有一個太空任務，完成任務得穿太空裝，我的身體就是太空裝。

我慢慢明白，能換角度看一件事，就能緩解事件帶來的影響。

那麼，那個太空任務，是什麼呢？一開始我不清楚，現在知道了。

就是在受限的生命條件下，去遇見無數支持我的人，從而明白，宇宙預備了無垠的豐盛，等著我去體驗。

只有極其受限，才能感受無垠豐盛。

換個角度

你應該看過一張圖，乍看是一位老婦人；細看，又看出一位美少女。既是老婦人又是美少女，好像量子力學「疊加態」。

我查了那張圖，發現畫作名稱是〈*My Wife and My Mother-in-Law*〉。「我的美嬌娘與丈母娘」；我把它改成：「親愛的跟他媽的」。一張圖同時存在「親愛的」跟「他媽的」，像極了人生。

人生各種遭遇，也是「親愛的」跟「他媽的」並存。

從小瘦弱被霸凌，是他媽的；長大練就十八般武藝，武功蓋世，是親愛的。

菜鳥一枚，老鳥什麼都丟給你，是他媽的；結果你什麼都會，提前升官加薪，是親愛的。

女友跟有錢小開跑了，是他媽的；你發憤圖強，認真上進打動了天命真女，是親愛的。

多數時候，我們只看見他媽的，但他媽的不是全部的事實，事實是，我們沒有看見親愛的。

我喜歡小孩，也適合家庭，曾經很接近婚姻，還是錯過。失去，又挺過來，就明白我失去的，可能沒有想像中重要。

你想去東京，卻只能到東區，不要緊，東區也值得探索，也能豐富你。不執著東京，你就允許世界，用不同方式豐盛你。

我單身迄今，在大量單獨時間做了很多事，後來那些事，都繽紛了我。我沒有失去，我只是經歷另一種豐盛，是之前沒預想過的。

我學會「uninstall」。我過往的想法、信念、期待，都像一個APP，我可以安裝，也能「解除安裝」。

我不需要被一個舊APP困住，只看見他媽的；我可以解除安裝，換一個新的，幫助我看見親愛的。

我寫這段是期盼，有一天當你在一個境遇裡，放眼望去只見「他媽的」，請提醒自己，「親愛的」是存在的。

解除安裝你的舊信念、舊角度，然後像個偵探般，把親愛的找出來。

相遇時你會詫異，她準備了一份厚重見面禮，要送給你。

升起慈悲

因為身體不便，在公共場所，我偶爾會用身障廁所。有時，廁所並不乾淨。那不是前一個使用者故意。他不小心，無力清理，又有下一個行程要趕赴，清潔阿姨還在往身障廁所的路上，於是讓我碰上……

我會把廁所清理乾淨，讓下一位朋友，有乾淨廁所可以用。我能力有限，但這一點做得到。

我要說的不是身障廁所，而是想從此延伸，來說「傷害」。這本書裡寫的，都是一路上幫過我的人，宛如我沒遇上「壞人」，沒受過傷害。不是。我遇過，受傷很重。

一開始錯愕、不平，很長一段時間無法理解，為什麼「真心換絕情」？是過了很久才明白，那是對方的選擇，木已成舟，情緒再多，也無法改變。但即便傷到爬不起來，我還是有選擇。我可以選擇怎麼看，怎麼回應。我可以把他們看成十惡不赦的「加害者」，把自己看成可憐無辜的「受害者」，找機會加倍奉還……可以。

但還沒做我就發現，那只會把我降格。報復「加害者」，只會把我變成另一個「加害者」，那樣做，我跟他有什麼區別？

我不想淪陷，更不想抬舉對方，允許他將我同化。

踩了狗大便，還把鞋子脫下來，湊近鼻子繼續聞……不，我的人生，值得更好的味道。

我會試著忘掉那個人。

我是公車司機，他們是乘客，他們在車上搞得我不開心，就讓他們下車，我有前程要奔赴，要專注，別被他們耽擱。

我可以把「受傷害」這件事，當成一間不乾淨的身障廁所。

那些人不能把美好留給他人，有他的原因。

也許能力、條件不足，也許沒人教他，我可以試著理解，至少不要跟著他，把廁所弄得更髒，讓下一位使用者更不堪。

那個不美好，在我這裡結束就好，不要往下蔓延。如同我們可以用智慧，阻止謠言傳播，我們也可以用慈悲，停止傷害蔓延。

「受傷」像一顆鬧鐘，嘈雜擾人，卻有機會，能夠喚醒慈悲。因受傷而慈悲，也許是傷痛，能送給一個人最究極的禮物。

《與神對話》這本書，說過一個故事。

小靈魂Ａ想學習寬恕，但要怎麼學會呢？小靈魂Ｂ跳出來說，他可以跟小靈魂Ａ一起到人間，做出傷害小靈魂Ａ的事，讓小靈魂Ａ有機會學習寬恕。

小靈魂Ａ很感動，小靈魂Ｂ願意為他的成長，去做那樣不堪的事。

小靈魂Ｂ說：「沒問題的，我只希望，當你學會寬恕的時候，你能夠想起來，原來的我是誰……」

「原來的我是誰？」

當慈悲升起，你看待「加害者」的角度，說不定會轉變。

也許，他不過就是一位苛刻的老師。

用力折騰

每次出差，在機場行李櫃檯，良善的櫃檯人員總會問我：「先生，需不需要幫您準備輪椅？」我都說：「謝謝您，我可以自己走。」

我不方便，有資格請人幫我推輪椅。不自己走，不是比較輕鬆嗎？為何要婉謝？如果我同意，那代表我真的很不方便。但我沒有，我可以把資源，留給更不方便、更需要的人。

坐輪椅當然輕鬆，但會不會坐上了，會耽溺那份輕鬆、一直坐下去，斷送所有在機場走路、鍛鍊身體的機會？走路辛苦，但我想繼續走。

我在很多事，都會給自己「找麻煩」。

閱讀，我讀那些大家不讀的大部頭經典。

做簡報，我把ＰＰＴ放大百分之四百，調一個人家根本注意不到的細節。

教學，我做直播式陪伴學習，每一份作業都用心幫同學改。

寫文案，我不拿沒fu的東西給別人，那是侮辱自己，也侮辱對方。

可以放水，我不放水。現在對自己放水，有一天，別人會對你洩洪。

很折騰，很自虐，但我不以為忤。

那種狀態，像一個人到迪士尼樂園，把握分分秒秒、急衝快跑，想把能玩的設施，都玩過一遍。

人間，不就是一座迪士尼？

你買票入園，當然要盡可能玩遍太空山、加勒比海、雲霄飛車、星際旅行……在旋轉咖啡杯躺平，可以，但迪士尼那麼多好玩的，在一個小圈圈裡轉圈圈，不是很可惜嗎？

你可能會納悶，在雲霄飛車上驚恐大叫，心臟快蹦出來，不是給自己找麻煩嗎？高空彈跳自由落體加速，不是找罪受嗎？在樂園內衝來跑去，腳痠抽筋，不是很折騰嗎？

然而，你注意到沒有？但凡是無比好玩、能讓你不斷回味再三的事，沒有一個是不折騰的。

折騰，才是最高級的玩耍。

跟時間交朋友

回顧此前旅程，我慶幸自己做對三件事：

一、學習、音樂、行銷、創意、說故事。

二、早早開始投資，持續學習正確的理財知識。

三、創業成為講師，持續精進內容與授課技巧。

三件事，都跟時間有關。時間的複利威力，你可能難以感受。一開始，你的明天會跟今天差不多，後天也跟今天差不多……但十幾、二十年後，會跟今天差很多。

把時間拉回我小時候，二舅教我學走路那天，你看見那個七歲才踏出第一步的孩子，你過去告訴他：

「你以後會讀研究所，進知名企業，出書成為作者，還會當講師在兩岸三地飛來飛去，會站上TED講台，會跑去北極圈拜訪聖誕老公公……」

他會信嗎？

七歲前不會走路的孩子，日後也能過得豐足，這就是複利的威力。

我們活在一個「即刻就回」的時代，做事、傳訊息，都期待立即回饋。長期下來，對那些需要時間醞釀，才能看見結果的事，興趣缺缺。

然而時間，是最忠實、不會背棄你的朋友。你開始，不斷持續，時間就會照顧你。尤其是投資，做好資產配置，把它忘記，多年後看對帳單，會意外自己變成小富翁。

過去如何不重要，你可以拋棄繼承，停止把昨天的命運，讓渡給今天。

你可以這一刻重新開始，跟時間交朋友，然後耐心一些。

許多豐盛，都是等出來的，像一封從聖誕老人村寄出的聖誕卡。
路途遙遠，但終究會在聖誕節前，抵達你的信箱。

23 家人

我能盡情探索人生，挑戰高難度動作，是因為我知道，就算不慎摔下，他們也會接住我……

最後我來跟你說，我現在的家人。我放到最後是因為，只有知道我經歷過什麼，你才能明白他們對我有多重要。

我開始騎手搖車之後，有一回輪胎沒氣，我到住家附近一家腳踏車行，請老闆幫我打氣。店門口有位大哥，看見我的車，很好奇，問了一些車子的事。他說，我讓他想起他妹妹。他妹妹也小兒痲痺，小時候讀小學，他每天都會背妹妹，走很遠的路去上學……我聽完，胸中一陣翻騰，眼眶溼潤，哽咽無話。

我想起我的哥哥姊姊。我哥哥許玉麟，姊姊許美秀，分別大我兩歲、一歲。

小時候我不肯走路，不管在家在外頭，他們背我、抱我，推娃娃車帶我出去玩，沒有少過。我們身型差不多，他們抱著、背著的，是幾乎跟自己一樣重的弟弟。五口之家，我得了小兒麻痺後，爸媽為了照顧我，放更多心力在我身上。哥哥姊姊應得的關愛變少，還要幫爸媽照顧我，我脾氣暴躁又難搞。

小時候哪個孩子不貪玩？爸媽出門工作，要是他們丟下我出去玩，我在家摔倒受傷，回來他們少不了一頓好打。

我在振興醫院，有半年母親在台北陪我，他們該有的母愛，全被我「霸占」。我國中開始騎摩托車，車壞在路上，我一通電話回家，哥哥不管忙什麼，都立刻放下，第一時間過來找我，幫我把車牽去機車行修理。

國三，我沉默抗議母親，一個月在家都不說話。哥哥很焦急，有一回雙手握住我肩膀，哭著叫我不要這樣，有什麼話可以跟他講⋯⋯

我讀國一時，姊姊國三，下課十分鐘，同學休息聊天，她會跑來我教室探望我。她讀台南家專，專四、專五開始跟姊夫交往，常常戀愛談到一半，就打電話回來問我想吃什麼？她買回來，或是回家煮。自己約會放一邊，先張羅我的晚餐。

從小到大一起生活，哥哥姊姊照顧我沒有歇止，他們就像空氣一樣，存在，我卻沒能感知到。大四那年，一回跟母親大吵，母親要我搬出去，我負氣上樓收拾行囊準備離家。

哥哥姊姊哭著勸我，我也跟著哭了。我哭是因為，他們從小對我那麼好，我當時卻對他們沒有深刻的情感。

什麼時候，你會知道「空氣」有多重要？當你窒息，呼吸不到的時候。

我是到了讀研究所，必須一個人面對生活中不容易的一切，才知道有哥哥姊姊照顧，意味什麼。

一個颱風夜，我的機車壞在淹水的中港路，求救無門，那一刻，我終於知道，有位一通電話即刻救援的哥哥，多麼珍貴。

出社會，我獨自在台北工作，在外辛苦、受委屈，只要回家，姊姊總是準備各種好吃的，對我各種呵護幫助。

除夕，哥哥經常準備一桌好菜，讓我過去圍爐。

我出來當講師，遇到金融風暴，幾回請姊姊幫忙，她沒有第二句話，第一時間就幫我。我在深圳成立公司，請姊姊掛負責人，她也親自為我跑一趟深圳。

她總是說，媽媽過世前特別交代她，要她好好照顧我，她答應了，不能辜負媽媽……

她結婚後，又多了姊夫照顧。

姊夫黃啟將先生，藥師出身，白手起家，先在 Toyota 營業所，一路當到所長。之後跟姊姊一起出來創業，開人力仲介公司，也把哥哥找進公司，協助企業引進外勞，做得有聲有色。

後來他考上不動產經紀人執照，額外經營一家房仲公司，用他的熱忱、專業，幫很多客戶圓滿買屋賣屋。

我搭高鐵來回台北台南，他經常接送。過年出國旅行，也找我跟家人去香港、關島，一路相伴。

我長年隻身在外，卻一直有大後方可以回去，回去休養、充電、被關照。有一天，我突然明白，他們之於我，就像是馬戲團的安全網，之於空中飛人。

我能盡情探索人生，挑戰高難度動作，是因為我知道，就算不慎摔下，他們也會接住我。世界偶爾背對我，但他們的雙臂，卻永遠對我敞開。

我回報的方式，是善待他們的孩子。哥哥有三個女兒，姊姊有一個女兒。我很喜歡小孩，是四個小女娃眼中的「怪叔叔」。

我回台南，會帶她們去吃飯、看電影，最重要的，是帶她們去誠品買書。每次，給她們一人三到五本的額度，她們任意挑，我買單。

我不在意她們挑什麼書，只期盼，她們從小養成閱讀習慣，日後人生遭遇疑難，能記得，書本上有答案。

寒暑假，我也帶她們四處旅行。墾丁、海生館、日月潭、劍湖山世界、平溪、淡水、101大樓……都有我們的足跡。

表面上，是我陪伴她們，實際上，是她們陪伴了我。她們讓我對小孩豐盈的愛，有了去處。

在台北工作近三十年，我開始有回家的念頭，想多點時間，跟家人相處。

我回台南，都住姊姊家，傍晚到附近公園散步。偶爾，哥哥姊姊會陪我一起。我們會聊起小時候，聊爸爸、媽媽。

哥哥說，從小他就沒有把我當一個不方便的弟弟，但誰敢欺負我，他一定出頭。

姊姊說，我小時候很害怕一個布袋戲偶「女暴君」，她總要把女暴君藏好，免得我看到大哭。

我不會說，我的成長過程容易，但我要說，我真的非常幸運。父母離開後，都是哥哥、姊姊、姊夫、大嫂照顧我。

從出生到現在，再算進以後的日子，你就會明白，有這樣的哥哥姊姊，多麼幸運。

還記得前面提過，小時候我不會走路前，他們會推娃娃車，帶我出去玩嗎？這一刻，我想到一個畫面。在我們出生前，有一場「哥哥姊姊」選拔會，台上大天使說：

「接下來要出場的這位弟弟，比較特別，他行動不便，要當他哥哥姊姊，小時候得要推娃娃車帶他出去玩；長大後，要繼續幫助他，讓他沒有顧慮一直往前走……非常不容易喔，你們可要想清楚，誰願意？」

哥哥姊姊，第一時間跳出來舉手：選我！選我！我願意！

……

是，純粹是我的想像。

但，要真有那樣的場面，我一定會激動到淚流滿面。

就像現在這一刻。

後記

如果有什麼備忘錄可以給你，容我送你八個字……

我們的地球旅行

「南門二」，是距太陽系最近的星系，有三顆恆星。最近一顆是「比鄰星」，離我們大約四．二四光年。

假設，你二十五歲從地球出發，搭乘速度是光速十分之一的飛船前進，四十二年又三個月後，你會抵達。那時你六十七歲，航行那麼久，終於可以探索比鄰星周圍一顆類地行星，「比鄰星 b」。

據說，那顆行星有機會形成生命，但不確定。如果沒有，前往探索下一個星系

「巴德納星」，要再花十七年。

從這個角度看，宇宙非常荒涼，生命極為希罕。有生命，還能經歷漫長時間演化出人類，更是希罕。

如果宇宙有大樂透，生而為人，我們都是「中獎率奇低」的樂透得主。仔細想，你就會發現自己無敵幸運。對比宇宙大爆炸以來，數不完的「銘謝惠顧」、與頭獎「擦身而過」，要何其幸運，才能降臨地球生而為人。

這是一趟奢華到不行的旅遊，也許，是宇宙能賜予一個生命的「終極招待」。

有這樣的視角後，我明白：我在人生經歷高峰，是奢華；低谷，也是奢華。

我不能睜眼說瞎話，說高峰跟低谷沒有差別，但那是「999.98」跟「999.68」的差別，我經歷的每一刻，都是宇宙級的奢華。

感謝招待。

難得的奢華旅程，值得記錄。

這本書，是截至目前，我在地球的旅遊報告。我所以寫下，又跟你分享，是因為我身體不便，讓我的經歷稍稍獨特。

我們經歷不同，也許你沒有身體上的不便，也沒遭遇我碰上的那些事。但生為人，我們都有相似的困境。我寫下我的遭遇、應對攻略，很個人，不一定適合你。

如果有幸，能幫你省掉一些摸索，多出一些時間去探索、豐富自己……這趟旅程，就多一份價值。

這是我寫這本書，第一個理由。

那些人物

你看過《最後十四堂星期二的課》這本書嗎？

我喜歡作者米奇．艾爾邦（Mitch Albom），看過他很多書。透過書寫，他筆下那些人物儘管逝去，他們的故事卻依然被交棒，繼續活在無數人心中。

我想起我父母。他們沒讀過什麼書，沒創建什麼功業，就是在相對不容易的環境，把孩子養大，有些故事。

那些故事，他們沒能力說、沒機會說。

多數故事，只剩我們家三個孩子知道。我想把他們的故事寫下，分享出去，讓他們有機會被更多人認識，多活在一些人心中。

包括我父母、一路上遇到的獨特人物、幫助過我、對我意義重大的人，我都想寫下。他們是接力賽場上不同棒次的跑者，帶著我起跑，然後交給下一位。

我能走到今天，是無數人交棒的結果。

這些人，是我這趟旅程，一個又一個絕美的景點。記錄這些人物，是我寫這本書的第二個理由。

我想對一路上，所有相遇的朋友，真心道謝。

好幸運有你們同行，你們做的一切，都豐富了我。

恰如米奇寫下，十四個星期二與墨瑞老師相處，溫暖了我們；我也期盼我寫下的故事，有機會溫暖你。

觀眾視角

寫這些故事，我像一個下戲的演員，坐在電影院看自己演出。

螢幕角色是我，看到某個艱險時刻，我還是會緊繃，跟著情緒起落。

但戲已殺青，我已經是觀眾。

隔著距離，我經常能看到一些新角度。好像在一個遊戲裡，有一些玩耍時沒發現的寶物，回顧時被我找到。

我驚喜不已。

我訝異它不曾離開，訝異它一直在等我成長，以便有一天帶著成熟的眼光回來，在某個被遺忘的角落，發現它。

遊戲早已結束，但發現新寶物，再次豐富那個遊戲，並且帶來療癒。

我經歷的一切，都自帶安慰。那份安慰我當下看不見，非得等我歷練、成長，才會對我顯現。

這是寫這本書的第三個理由，雖然是書寫過程中，才發現的。

時間到了，很多事我可以清空放下，繼續下一段旅程。

多年前我用「拋棄繼承」的概念，安慰一個朋友，此刻它也適合我。戲已殺青，我可以揮別過去的角色。

有句英文諺語說：「Everything will be okay in the end. If it's not okay, it's not the end.」

觀眾視角，讓我明白這句話什麼意思。

意思不是最終，你會遇上美好的事；而是不管遇上什麼事，最終你都能看出它的美好。

黎明之牆

酋長岩（El Capitan），是美國的優勝美地國家公園內，一塊巨大的垂直花崗岩。高達九百多公尺岩面上有七十幾條攀岩路線，其中最陡、最高、最光滑、也是最難攀爬的路線，是「黎明之牆」（Dawn Wall）。

直到二〇一五年一月中，這條路線，才由兩位攀岩好手湯米．考德威爾（Tommy Caldwell）以及凱文．約格森（Kevin Jorgesen）徒手攀登成功。

在那之前，大家都認為，黎明之牆，不可能徒手攀爬。他們的成功，開闊世人的想像。兩人這段攀爬經歷，後來拍成紀錄片《垂直九十度的熱血人生》（*The Dawn Wall*）。

看紀錄片時我突然明白，你我，也有自己的「黎明之牆」。也許是一項艱困挑戰，也許是一份不容易的關係，也許是一段充滿傷痛、難以平復的過往……看起來非常困難，卻總挑起我們嘗試的渴望。

我們，都是那道牆上的極限攀岩人。

那已經不關乎個人，如果成功，就能拓寬世人想像，讓人看見：原來人生，可以這樣活。

所有黎明之牆，都會給你一段無與倫比、驚心動魄的攀登體驗。別被它的高聳嚇著，高聳後面，它有一份禮物。

在人間被善待，是禮物；遭遇挑戰，也是禮物。

有一天你會發現，就算是生命中最艱難那一天，看起來也像聖誕節。

我也在攀爬自己的「黎明之牆」。

我沒有顯赫成就，只有認真攀爬，看見一些壯闊，累積一些體悟，想跟你分享。

有一次，好友的小孩有份口述歷史作業，要訪問一位長輩成長經歷，他訪問我。

最後一個問題是：「如果讓你用一句話，來說此前的人生，你會怎麼說？」

我想了一下，這樣說：

「我帶著限制來，試著把限制，活成故事。」

給旅行者的備忘錄

從小，我就一直活在別人的異樣眼光。

人們看著我不是故意，特別是小孩，純粹沒見過太多拿拐杖的人，不明白我為什麼要拿拐杖。

那樣的眼光讓我不自在，我變得容易在乎別人目光。

我花了很多年，學會跟自己、跟那些目光和平相處。

開始游泳之初，我對於坦露上半身（背部長長開刀疤像條蜈蚣）、瘦弱長短腳，並不自在。

有一次，我不小心在池畔滑倒，很快有人抱我起來。

我看周遭，游泳的繼續游泳，泡湯的繼續泡湯，沖澡的繼續沖澡，好像什麼事都沒發生……那一刻我明白，我不是金城武。

他們看著我，但我不是他們的焦點。

真是誤會一場。在每個人的自身宇宙，他們才是唯一主角，我只是路過的ＮＰＣ（Non-Player Character），他們人生電玩裡的路人甲。

我的自由，是從那一刻開始的。

我還在練習，但想對你說，做任何事，只要不傷害別人，不用管別人在不在意。多數人都不在意，就算有人在意，也無法為你的人生負責。

明白你也是他們人生的ＮＰＣ，你也會自由。

想做一件事，就認真、投入去做，汗流浹背，死去活來。不管最終成果如何，你都會有美好深刻的體驗。

美好的體驗，很少是遇上的，大多是你認真投入、水裡來火裡去，創造出來的。認真下功夫，你就會開花；你開花，所有人都能呼吸芬芳。

至於結果，可以淡然一些。

功成名就，是旅途中的紀念品，是你抵達一個地方，就有機會擁有的東西。你可以欣賞、持有。但旅行中，玩得最開心的人，不一定是那些買最多紀念品的人。

就算你成為世界首富，那些財富你也帶不走。你能帶走的，是體驗。

我的旅程還在繼續，但對一路上的「紀念品」，慢慢不感興趣。我感興趣的，是創造新體驗。

如果你在一個地方待太久，無聊，沒有新衝擊，出門走走吧。去經歷，去探險，去豐富自己，成為一個有故事的人。

最後，謝謝你一路看到現在。

身為一位稍稍資深的旅行者，如果有什麼備忘錄可以給你，容我送你八個字：與人為善，盡興體驗。

我在地球的奇異旅程

作　　者　火星爺爺
編　　輯　巫芷紜
封面設計　王薏婷
內頁排版　吱吱
攝　　影　土申
行　　銷　羅秀瑩、盧芊筠

出　　版　火星酷股份有限公司
地　　址　106 台北市大安區信義路四段 45 號 8 樓
電　　話　02-87926582
電子信箱　info@marsqool.com
官　　網　www.marsqool.com（火星學校）
製版印刷　中原造像股份有限公司
經 銷 商　聯合發行股份有限公司 02-29178022

定　　價　380 元
出版日期　2022 年 5 月初版一刷
I S B N　978-626-96040-0-5
E I S B N　978-626-96040-1-2（EPUB）
E I S B N　978-626-96040-2-9（PDF）

國家圖書館出版品預行編目 (CIP) 資料

我在地球的奇異旅程 / 火星爺爺著 . -- 初版 . -- 臺北市 : 火星酷股份有限公司 , 2022.05
288 面 ; 14.8 x 21 公分
ISBN 978-626-96040-0-5(平裝)

1.CST: 許榮宏 2.CST: 臺灣傳記

783.3886　111005767